名师名校名校长

凝聚名师共识
回应名师关怀
打造名师品牌
培育名师群体

顾明远

带着思想行走在教与研的路上

张良环 ◎ 著

人民文学出版社　天天出版社

图书在版编目（CIP）数据

带着思想行走在教与研的路上 / 张良环著. — 北京：
天天出版社，2023.12
ISBN 978-7-5016-2205-4

Ⅰ.①带… Ⅱ.①张… Ⅲ.①中等专业学校—教学研
究—文集 Ⅳ.①G718.3-53

中国国家版本馆CIP数据核字（2023）第247156号

责任编辑：罗曦婷   美术编辑：曲　蒙
责任印制：康远超　张　璞

出版发行：天天出版社有限责任公司
地址：北京市东城区东中街42号   邮编：100027
市场部：010-64169902   传真：010-64169902
网址：http://www.tiantianpublishing.com
邮箱：tiantiancbs@163.com

印刷：北京政采印刷服务有限公司   经销：全国新华书店等
开本：710×1000   1/16   印张：15.75
版次：2023年12月北京第1版   印次：2023年12月第1次印刷
字数：240千字

书号：978-7-5016-2205-4   定价：58.00元

　　法国思想家帕斯卡尔在《思想录》中提道："人是一根能思想的芦苇，人的尊严源于思想，人因思想而伟大。" 教师的职业特点决定了我更应该成为"一根能思想的芦苇"。只有教师有思想、有智慧，才能教出有思想、有智慧的学生；只有教师有思想、有智慧，才能让学生真正体验到生命的价值、尊严与意义。

　　从事职业教育24年，从一名普通的信息技术教师成长为专业带头人、职教名师，伴随我前行的是持续不断的思考与实践。思后方知教之本，思后方知教之法。正是多年来不断的学习、实践、反思、总结、提炼，才有了今天这本名为《带着思想行走在教与研的路上》的学术著作。它是我从事教育教学、教研工作24年的智慧精华，涵盖了我多年来"带着思想"教育教学的科研、教学实践、思想生成、学习研修等方面的深刻体会与思考。本书主要包括三个部分，上篇是理论研究，既有教育科研课题研究的成果展示，也有中职计算机相关专业课程建设及教学方法的探索与实践，包括选题、论证、课题研究过程及成果展示，有一定的实用价值和推广价值。其中"以信息化技术为核心的校本研修研究"课题研究以"中职信息化教学设计课例"为载体，通过建网、建库、建队伍、建机制、硬件、软件一起抓，探索出了提升欠发达地区中职教师信息化教学能力的新思路，因成效明显，获得潮州市教育教学成果奖一等奖。中篇是教学实践，展示的是我多年来坚持"培养学生利用信息技术智慧地解决问题的能力"，这一思想体现了劳动实践及课堂教学设计作品。下篇是总结反思，记录的是我对中职教育、中职教师专业发展的点滴思考及研修心得，具有通俗易懂、可读性强的特点。

可以这样说，这本书是我"带着思想"追求富有智慧教育教学的过程中，学习、实践与思考的集中展现，是心血的结晶。教师有思想必定要对教育有正确的定位和主张，要把自己教育教学的思想自觉运用到教育教学实践中。希望本书能对同为中职教师的你有所帮助，有所启发。

一个没有独立思想的教师很难成为教育名师，更成不了教育专家。愿每一位教师都是有思想的教师，唯有如此，教育的明天才有希望。

张良环

2023年10月

目　录

上篇　理论研究

上篇 理论研究

"以信息化技术为核心的校本研修研究"
开题报告

各位领导、专家、老师：

大家好！我代表课题组做开题报告。报告分两部分。

第一部分　课题研究论证报告

一、课题提出的背景和要解决的主要问题

当前，信息化环境下的教师专业发展成为世界共同关注的焦点，各国都把信息技术促进教师专业发展列为新课题。据文献研究发现，我国对于技术支持教师专业发展已经有过不少研究，特别是在环境建设、教师培训、实践等方面已取得了进展，但对于相关政策支持、标准与评价、历程与阶段、模式的研究尚处在起步阶段，特别是致力于信息技术支持中职教师专业发展的针对性研究颇为少见。我们认为，中职教师专业发展与泛指的教师专业发展在发展背景、发展策略、具体方式方面存在着差异性，个性化的中职教师专业发展仍有待进一步研究。

近年来，职业教育的发展迅猛，但随之而来的中职教师素质现状与发展问题越发凸显。一直以来，中职教师都被当成普通中学教师进行继续教

育与培训研修，有针对性的外出培训极少，且分配到各学校的名额有限，因此中职教师几乎很少有机会出去参加研修或参加有针对性的教师继续教育。在这种形势下，利用信息技术，加强"在学校，为学校，基于学校"的研修活动是促进中职教师专业发展的一条有效途径。

从我校实际情况来说，我校正处在走内涵式发展的重要时期，教师的专业素质水平直接关系到我校发展目标的实现。从我校现在的师资状况来看，专业课教师比例严重偏低，师资队伍的专业结构和教学结构不合理现象尤为突出，教师的专业素质整体不高。主要表现在：部分公共课教师闲置，专业课教师和实习指导教师少；理论教学的力量较强，实践教学的力量较弱；双师型教师、骨干教师、专业带头人和名特优教师数量严重不足等。教师的专业化水平整体发展欠均衡，部分教师在面对专业发展时，意识淡薄。特别是面对教育信息化，大部分教师进入了"高原反应期"，在教学和专业发展方面感到困惑和不适应。目前学校各个专业的实验实训设备相对完备，用于学生实训与教师办公用的计算机近千台，每个课室均配备有电脑、高清投影仪与多媒体操作平台，学校也有自己的对外网站，这些都对教师专业发展提出了更高的要求。为了充分发挥现代教育技术的优势，提高学校教师的信息素养，促进教师的专业发展，大面积提高学校教育教学质量。经过充分论证，我们提出了"以信息化技术为核心的校本研修研究"的课题实验。

我们提出这样的研究课题，其目的是为今后在信息化环境下中职教师的进修、成长提供一些实例；探索以信息化技术为核心的校本研修的课程资源、实施措施与评价机制，促进我校教师的专业发展；期待通过本课题的研究和实施产生一批专业得到良好发展、具有较高的教育技术能力和信息化教学水平、在区域范围内有名望的老师。

二、课题研究的意义

（一）理论意义

通过本课题的研究，建立和完善适合学校发展的信息技术管理和发展体系，从而更好地指导全校教师将信息技术应用于教育教学的研究。

上篇 理论研究

（二）实践意义

通过本课题的研究，以信息技术为平台，以"中职信息化教学设计课例"为载体，在学校中营造信息化教学的学术氛围，促进教师利用网络资源更好地学习、反思，帮助教师更好地相互交流、评价，加快个人及组织的知识更新，从而促进教师的专业发展。

三、课题研究的理论依据和遵循的原则

（一）课题研究的理论依据

（1）科学发展观。以人为本，促进人的全面、协调、可持续发展的科学发展观是教师专业发展的指导思想。

（2）建构主义理论。建构主义理论主张世界是客观存在的，但对世界的理解和意义的赋予是由每个人自己决定的，个体是以自己的经验为基础来建构现实、解释现实的。建构主义者学习论更关注以原有的经验、心理结构和信念来建构知识，强调学习的主动性、社会性、情景性。建构主义学习论对今天教师在教学改革中实现专业发展具有现实意义。

（3）需要层次理论。"终身学习是当今社会发展的必然趋势。"根据马斯洛的需要层次理论，要充分满足每个教师积极主动发展自己的高层次"需要"。

（二）课题研究的原则

（1）"以校为本"原则：即以学校具体实际为研究对象，以解决学校实际问题为出发点，以促进师生的可持续发展为最终追求。

（2）针对性原则：所有问题都应针对学校的具体问题展开，针对学校与教师的实际和需要，促进教师树立新的教育教学理念，自觉地转换角度，主动利用信息技术开展教学改革，不断地完善自我、发展自我。

四、完成课题的可行性分析

（一）课题负责人和主要成员有丰富的课题研究经验

相关研究成果：课题负责人张良环老师是学校计算机专业骨干教师，

县信息技术学科带头人，第八届县管优秀技术人才。自编了《VB程序设计上机指导与练习》和《VisualBasic程序设计案例教程》两本校本教材，省级获奖论文多篇，2012年参加全国中等职业学校"创新杯"教师教学设计和说课大赛获一等奖，在第三届全国中小学教师教育技术能力建设计划应用成果评比活动中获得教学设计方案三等奖；课题组成员王涛老师是学校教务处副主任、李暹勇老师是学校电脑教研组组长，多次主持或参加县专业技术人才计算机方面的培训工作；课题组各成员先后有多篇论文在省、市级刊物发表或获奖。

（二）完成课题的保障条件

1. 本课题所开展的前期准备工作

（1）学校信息技术设备的完善和提升，为信息技术在教学和管理中的应用提供了保障。

（2）教务处室分管校本教研与校本培训工作，从管理与评价上为本课题的研究提供了方便与支持。

（3）教务处多次组织全校性的课件和信息化教学设计比赛，推动了全校教师应用和研究新技术。

（4）学校拥有一批较高教育教学水平的专业教师队伍，取得了较多的教育教学成果，为课题研究提供了较好的人力、物力资源。

（5）课题组已整理了"信息技术与课程整合"和"PPT如何辅助教学"的校本培训资料，在网络上已收集了大量有关信息技术促进教师专业发展的参考资料，为课题的研究提供依据。

2. 时间保证

学校规定每周星期二下午4：30至5：30为教研时间，参与课题组的成员对本课题的研究有足够的时间。

3. 组织保障，经费保障

学校领导高度重视，本课题主要研究成员中有中层领导1名，还有一批骨干教师积极配合。另外，学校在信息技术资源配备逐步完善后，急需从制度和管理层面提出系统要求，提升教师应用信息技术的能力，提升教师专业素养，进一步提高教育教学质量。

经费保障。课题启动后学校将在研究经费上予以全力保障。保障调查实践、资料采集、会议研讨、成果展示等活动费用的支付，保障课题开题论证、中期评估、结题鉴定的各项经费及时到位。

第二部分　课题研究设计报告

一、课题的研究目标

（1）促进教师教育技术能力的普及和提高，提高教师信息化教学能力、教研能力和反思能力。

（2）通过对校本研修内容和模式的实践，形成适合我校的校本研修策略，整理出一套适合我校校情的校本研修课程资源。

（3）促进教师利用网络实现集体备课与教学研讨。

（4）以"中职信息化教学设计课例"为载体，提升中职教师信息化教学能力。

（5）通过校本研修，探索建立健全教师发展性评价机制和队伍建设的管理机制。

二、课题的研究内容与措施

（一）进一步完善校园网建设

完善校园网络平台建设，实现有线、无线并举，更新服务器等设备，搭建具有校本特色的课件库、教学资源库、优秀教学视频库，为教师提供一个方便、易用的信息环境。

（二）以信息化技术为核心的校本培训的课程与模式研究

通过有计划、有系统、有层次、多形式地对全校教师进行信息技术理论和实操培训，使全校教师掌握信息技术的基本操作，掌握校园网和办公平台的使用方法，会运用信息技术手段辅助教学和个人知识管理，具有基本的信息意识；使青年教师熟练地掌握多种信息技术技能，学习设计开发多媒体课件与教学辅助软件，学习微课的制作；归纳出适用于本校教师专业成长的培训内容与创新模式。

（三）以信息化技术为核心的校本教研模式的研究

学习职业教育教学新理念，依托信息技术和网络资源，实现教师小组共同体的教学研讨。研究怎样利用博客或QQ、微信等现代通信软件促使教师自我反思；如何利用网络共享、交互的特点实现同伴互助，发掘教师的实践智慧，进一步提高教育教学技能；通过远程网络实现教师与名师对话，引领教师专业发展。探索基于网络的校本教研模式及管理与评价体系。

（四）探索中职教师信息化教学能力新思路

以具有中职特点的学科教学问题为中心，以"中职信息化教学设计课例"为载体，研究如何切实做好中职信息化教学设计及课堂实践。通过将信息技术有效地应用到网上集体备课、磨课、教学观摩、互动评议和反思中，收集和整理网络教学资源，形成信息化环境下学校教师教学与学习共同体，促进教师信息化教学能力的提高。

三、研究的思路与方法

（一）研究的技术路线与方法

（1）调查研究法：通过问卷和访谈，了解教师队伍的结构和教师的专业发展现状、影响因素，为课题研究提供依据，打下坚实的基础。

（2）行动研究法：课题研究中，力求边培训，边体会，边总结，边改进，边推广，使理论研究的成果及时为实践服务，并在实践中进行检验，不断完善研究的方案、计划，确保研究的实效性，促进研究不断深化，引领教师整体的专业发展。

（3）文献研究：组织教师及课题组成员进行理论学习，订阅学习材料和学习书籍，更新教育教学观念，生成面向信息化的中职教师专业发展的

上篇 理论研究

思考和实践操作模式。

（4）案例分析：从具体教师的实践行为看教师的专业化发展。期待部分教师通过学习、反思和实践在自己的教育教学实践中获得某些成就，从而带领全校教师走专业化发展之路。

（5）网络研究法：为充分发挥互联网在教育科研中的载体作用，本课题小组将建立学校博客群组、QQ群组或微信群组，开设博客专题或微信专题，让每位参研教师充分利用网络平台开展本课题研究，为课题提供研究的第一手资料。

（二）研究计划

1. 准备阶段（2015年4月—2015年5月）

成立课题实验组织机构，制订实验方案与计划，完成课题的申报、审批、立项工作，配备课题研究所需要的软、硬件材料。

2. 实施阶段（2015年6月—2016年10月）

制定细则，分步实施；定期召开专题研讨会，调控进程，汇集资料，交流心得；围绕课题研究目的开展相关活动，边研究，边总结，不断完善实验课题研究方案，形成阶段性成果，汇集成册，撰写《以信息化技术为核心的校本研修研究》中期报告和结题报告。

3. 总结阶段（2016年11月—2016年12月）

整理、分析实验数据、资料，撰写课题研究报告和论文，收集整理实验所有资料，分门别类汇集成册，进行结题。

四、课题研究人员的分工及课题的管理

（一）课题领导小组及人员分工

课题组组长：张良环，中学信息技术高级教师，主持课题研究工作，制订方案，综合材料审定，撰写研究报告。

课题组副组长：王涛，教务处副主任，中学物理高级教师，协助负责主持课题组的研究，专攻校本研修的管理与评价体系研究。

课题组成员：

李暹勇，学校电脑教研组组长、中学信息技术高级教师，负责以信息技术为核心的中职教师校本教研研究。

余妙芬，学校电子商务教研组组长、中学信息技术二级教师，负责资料收集、档案管理，负责以信息技术为核心的中职教师校本培训研究。

李德波，自动化专业毕业，负责资料收集、档案管理，负责校园网等信息化基础设施的健全维护工作。

课题研究学术顾问：

刘少平，潮州市教育局教研室调研员。

吴伟忠，饶平县教研室主任。

（二）课题的管理

本课题由市、县教研室负责监督指导，课题负责人组织实施，学校负责管理。课题成员分工协作，请专家和有关教研人员指导，定期召开课题研讨会，交流经验，分析研究过程中出现的问题，及时调整修正。

五、本课题研究的预期成果

（1）完成多媒体课件集、中职信息化教学设计案例集的汇编；

（2）完成活动论文、活动实录、大事记载；

（3）完成"以信息化技术为核心的校本研修研究"的研究报告。

"以信息化技术为核心的校本研修研究"
结题报告

一、课题提出的背景

当前，信息化环境下的教师专业发展成为世界共同关注的焦点，各国都把信息技术促进教师专业发展列为新课题。文献研究发现，我国对于技术支持教师专业发展已经有过不少研究，特别是在环境建设、教师培训、实践等方面已取得了进展，但对于相关政策支持、标准与评价、历程与阶段、模式的研究尚处在起步阶段，特别是致力于信息化技术支持中职教师专业发展的针对性研究颇为少见。

近年来，职业教育的发展迅猛，但随之而来的中职教师素质现状与发展问题越发凸显。一直以来，中职教师都被当成普通中学教师进行继续教育与培训研修，有针对性的外出培训极少，且分配到各学校的名额有限，因此中职教师几乎很少有机会出去参与研修或参加有针对性的教师继续教育。在这种形势下，利用信息化技术，加强"在学校，为学校，基于学校"的研修活动是促进中职教师专业发展的一条有效途径。

从我校实际情况来说，我校正处在走内涵式发展的重要时期，教师的专业素质水平直接关系到我校发展目标的实现。从我校现有的师资状况来看，教师的专业化水平整体发展欠均衡，部分教师在面对专业发展时，意识淡薄，特别是面对教育信息化，大部分教师进入了"高原反应期"，在教学和专业发展方面感到困惑和不适应。目前学校各个专业的实验实训设备相对完备，用于学生实训与教师办公用的计算机超千台，每个课室均配备有电脑、高清投影仪与多媒体操作平台，学校也有自己的对外网站，这些都对教师专业发展了提出更高的要求。为了充分发挥现代教育技术的优势，提高学校教师的信息素养，促进教师的专业发展，大面积提高学校教育教学质量。经过充分论证，在2015年4月我们申报了潮州市教育科学"十二五"规划课题——"以信息化技术为核心的校本研修研究"，自立项后，从2015年5月开始进入研究期。

二、课题研究的意义

（一）理论意义

通过本课题的研究，建立和完善适合学校发展的信息化技术管理和发展体系，从而更好地指导全校教师将信息化技术应用于教育教学的研究。

（二）实践意义

通过本课题的研究，以信息化技术为平台，以"中职信息化教学设计课例"为载体，在学校中营造信息化教学的学术氛围，促进教师利用网络资源更好地学习、反思，帮助教师更好地相互交流、评价，加快个人及组织的知识更新，从而促进教师的专业发展。

三、课题研究的原则

（1）"以校为本"原则：即以学校具体实际为研究对象，以解决学校实际问题为出发点，以促进师生的可持续发展为最终追求。

（2）针对性原则：所有问题都应针对学校的具体问题展开，针对学校与教师的实际和需要，促进教师树立新的教育教学理念，自觉地转换角度，主动利用信息化技术开展教学改革，不断地完善自我、发展自我。

四、课题研究的方法

根据课题组的实际情况，我们采用了调查研究法、行动研究法、文献

上篇 理论研究

研究法、案例分析和网络研究法，让每位参研教师充分利用信息化技术深入开展本课题的研究。

五、课题的研究目标与内容

（1）进一步完善校园网建设，搭建具有校本特色的课件库、教学资源库、优秀教学视频库，为教师提供一个方便、易用的信息化环境。

（2）通过对以信息化技术为核心的校本研修的研究实践，形成适合我校的校本研修的实施措施，整理出一套适合我校校情的校本研修课程资源。

（3）依托信息技术和网络资源，实现教师小组共同体的教学研讨，促进教师利用信息化技术实现互动评议和教学反思等教研活动。

（4）以"中职信息化教学课例"为载体，研究如何切实做好中职信息化教学设计及课堂实践，提升中职教师信息化教学能力。

（5）通过校本研修，探索建立健全教师发展性评价机制和队伍建设的管理机制。

六、课题研究的实施

（一）准备阶段（2015年4月—2015年5月）

（1）资料收集，课题组成员通过报刊、因特网查询和收集资料，归纳与整理，汇编成有关校本研修的资料、光盘，供课题组成员学习研究。

（2）现状调查，通过自编校本研修现状调查问卷、中职教师信息化教学能力研修调查问题（教师篇与学生篇），对学校师生进行调查摸底，并对调查后的资料进行了初步分析，形成调查报告。召开课题组研讨会进行交流，制订课题具体实施方案。

（3）宣传发动，营造学习氛围。召开开题报告会暨全体教师参研动员大会，并提出具体的工作措施和要求。

（二）实施阶段（2015年6月—2016年9月）

课题组制订了《以信息化技术为核心的校本研修研究实施方案》，整体规划分步实施，定期召开专题研讨会，调控进程，汇集资料，交流心得，做到边实践边研究，边研究边总结，不断完善研究方案。为了保障课题的研究质量，课题组扎实有序地开展了如下各项科研工作，做到了建网、建库、建队伍、建机制，硬件、软件一起抓。

1. 建章立制，规范管理与评价，确保校本研修落到实处

课题研究以来，我们先后制定了《贡天职校校本研修管理办法》《贡天职校校本研修评估细则》。为了充分调动教师参与信息化技术支持下校本研修的积极性，我们制定了《贡天职校校本研修奖励制度》，每学期按照《贡天职校校本研修评估细则》对教研组和教师个人进行评估，对做出成绩的教研组和教师个人给予奖励。

2. 夯实教育信息化的物质基础，为校本研修提供强大的信息平台

2015年6月初，课题组成员与学校网管人员奔赴汕头市澄海职业技术学校参观学习其校园网建设情况，回校后由王涛老师与李德波老师执笔制订了学校校园网建设方案。首先对学校原有百兆校园网络进行重新铺设网线，然后配置服务器，完善校园网络平台建设，实现有线、无线并举。为配合研究自2015年12月起开始设计制作课题研究专题网站，2016年7月起对原学校网站进行重新设计和制作，目前我校的计算机网已经覆盖了各教室、实验室、图书馆、办公室，现代多媒体技术在教育、教学中得到了广泛应用，为教师提供了一个更加方便和优越的教学和科研信息平台。课题组成员以校为本，边研究边实践，还自行开发搭建学校数字资源共享平台、学校微信群组（贡天家族群、贡天电脑组群、班主任群等），尝试开展微信网络教研、网上课堂，初步实现了教案多媒体化、资源网络化、教研线上线下多样化。

3. 抓好校本培训，为以信息化技术为核心的校本研修提供基础保障

以信息化技术为核心的校本研修必须以教师发展为本，必须确立教师在信息技术支持下的校本研修工作中的主体地位，让教师成为校本研修的主人。课题研究以来，我们采用集中面授与分散网络相结合、线上学习与线下实践相结合、专题讲座与小组研讨相结合等方式，有计划、有系统、有层次、多形式地对全体教师进行信息技术理论和实操的相关培训。由课

上篇 理论研究

题组组长张良环老师担任主讲，先后为学校全体教师开展了"PPT如何辅助教学""网络资源搜索、下载及处理的技巧""如何说好一节课""学习与发展"等培训，增强全体教师队伍运用信息技术来开展教研活动和进行个人知识管理的能力。这些培训资源也都传到学校FTP资源平台与课题研究专题网，方便教师随时随地进行再学习。另外，课题组成员还收集了"当代职业教育发展与教师专业化成长"、清华大学张学政教授"让课堂充满激情、智慧与欢笑——谈教学方法与教学艺术""如何制作优秀的微课""微课程制作工具及流程详解"等培训内容传到课题研究专题网站上供大家线上学习研讨。另外，我们还鼓励教师通过广东省中职教师继续教育网参加培训，比如课题组的李德波等老师参加的"广东省中职骨干教师的虚拟化与云计算网管培训"、学校机电专业的许再丰等老师参加的"新电子技术"培训、计算机专业的周金额等老师参加的"网页制作"、余洁昭老师参加的"网络技术"培训。这些培训都为信息化环境下的校本研修和教师学习打下了坚实的基础。

4. 加强资源库建设，为教师提供丰富的应用共享平台

"巧妇难为无米之炊"，要充分发挥信息化技术在校本研修和教师专业成长中的作用，首先要大力加强资源库的建设。为此，我们从两个方面采取了措施。一是投入资金购买现有的教学资源，如仿真实训软件、多媒体教学软件、录音视频光盘等。自课题研究开始，学校加大投入力度，现在好多课程都已具有本学科的相关教学资源。二是鼓励教师开发教学资源。学校通过制定考核激励的多项制度，通过举办竞赛评比活动，提高教师制作教学课件的积极性。目前学校开发的教学资源库有多媒体课件库、信息化教学设计库、专业素材库、视频库等，这些资源都可以通过课题组研发的FTP资源中心去下载、观摩、学习。

5. 开展课件制作、教学设计及说课、优质课评比等活动，为教师提供成长与展示平台

为加快我校教育信息化和现代化建设步伐，提升教师应用现代化教育技术手段和数字化资源的能力，课题研究以来，我们以"中职信息化教学课例"为载体，先后于2015年6月举办教师课件制作比赛，2015年12月举办教师信息化教学设计及说课比赛（同时选拔优秀作品参加省、国家级同类比赛），2016年4月举办教师优质课评比活动，2016年5月举办班主任专题报告会，2016年9月举办"中职有效课堂教学"研讨会，通过这些活动为教师提供展示、交流和提升的平台。

6.建立微信群组和网上论坛，为教师搭建实时交流平台

我们在课题研究专题网上开辟了在线研讨区，开展了"中职有效课堂教学""移动互联网技术在中职教学中的应用与实践"等专题研讨。通过不定时地设定研讨专题，创设氛围让教师实时交流，参与学校的管理，提高本学科接受新知识的能力，强化民主意识和反思意识。面对"微信"这种新兴的信息技术手段的出现，我们及时搭建学校微信公众号、教师个人公众号、学校教师群组、教研组群组等多个平台，加强教师之间，学校与家长、学生之间的沟通与交流。通过平台，教师随时可以就自己关心的问题或者教学问题咨询专家，得到专家指引或同伴互助，同时也可以通过手机随时查看微信平台推送的教研信息，实现微信上的磨课、教学观察、评课等教研活动，方便快捷。

（三）总结阶段（2016年10月）

（1）召开课题组成员会议，总结讨论研究过程中取得的成绩，查找课题研究中存在的问题及不足。

（2）整理、分析实验数据及资料，撰写课题研究报告和论文。

（3）收集整理实验所有资料，分门别类汇集成册，进行结题。

七、课题研究主要成效及收获

本课题通过一年多系统性的研究以及对研究方案的具体实施，在学校领导、课题组成员和学校全体教师的共同努力下，初步达成了预期目标，取得了以下成效及收获。

（一）探索出提升中职教师信息化教学能力的新思路

《教育部关于加快推进职业教育信息化发展的意见》（教职成〔2012〕

5号）明确指出要提升职业教育工作者的信息素养，因而职业教育信息化的关键在于培养一支信息素养高和信息化教学能力强的职业师资队伍。为了提高我校教师信息化教学能力，在研究过程中，我们以校为本、以人为本，探索出下列行之有效的做法。

1. 前提：转变教师观念

观念是行为的先导，一定的教育行为取决于一定的教育观念。中职教师要转变观念，走出信息化教学"无用论""条件不成熟论""时间冲突论""等靠要""信息化秀"等认识误区，积极主动投身于信息化教学的大潮中。实践中，我们对教师信息化教学能力的培养要建立在一定的教育理念和教育思想基础上，教师学习了相关资料后，开展对信息素养认识的讨论，谈学习心得，既认识到了信息化教学的意义，又对自己在信息化教学中的角色有了一个正确的定位，把握了信息化教学模式的特点。

2. 催化剂：优化信息化教学环境

信息化环境包含完备的计算机设备、优化的校园网络和浓厚的信息化教学氛围。近年来，我校采取申请中央财政专项建设资金、竞争分配广东省中职教育专项资金与学校自筹相结合的方式逐年更新、完善信息化硬件，取得了良好的效果。而畅通无阻的校园网络是教师获取信息、整合资料，开展活动交流、教学评价的资源保障。我校在确保建立开通校园网络的同时，还配备专人进行校园网络的日常维护，确保网络畅通。另外，通过校园文化宣传、网站在线研讨等多种途径营造有利于教师开展信息化教学的氛围，引领教师从传统意义上的知识传授者转变为专业学习的组织者和协调者，加强对学生合作、探究学习能力和自主获取专业知识、信息能力的培养。

3. 开展专题培训是教师信息化教学能力提升的主渠道

专题的校本培训是中职教师专业发展的重要途径之一，也是学校信息化教学应用和推广的快捷方式。自课题研究开始，我们进行两个方面的培训：一方面，特别将校长、主任等行政班子纳入培训对象，提高领导对教师信息化教学能力的认识和认可。另一方面，要求教师在提高信息素养及信息操作技能水平的基础上，重视学习资源的利用，坚持以学生发展为本进行教学，学会信息化教学设计。先通过定期开展有关中职信息化教学设计相关理论的学习，使教师掌握一定的理论基础后，要求教师必须写出自己的信息化教学设计，推进理论在课堂教学中的实践。然后学校不仅组织检查其信息化教学设计教案，还要听课，了解其信息意识与信息技能有否增强，评价其信息化教学能力。我们从基础做起，通过采用校本培训与教师自助相结合、线上学习与线下实践相结合、"请进来"和"走出去"相结合等方式对教师进行专题培训，以校为本，以人为本，提高了教师信息获取能力、信息化课程整合能力、信息化协作和信息化创新能力等。

4. 强化课堂应用是教师信息化教学能力提升的助推器

教学相长，强化信息化教学能力在课堂教学中的应用，一方面能检验和强化教师信息化教学水平；另一方面能激发教师自觉提高信息化教学水平的意识，使其成为教师的一种需要，从而推动教师信息化教学能力的提高。在实践过程中，我们组织了使教育信息化进入课堂教学的活动，经常组织教师观摩、学习优秀教师的信息化示范教学，通过展示性的应用课逐步过渡到日常性的应用课，强化课堂应用，从而不断提高教师的信息化教学水平及意识。

5. 组织学习研讨是教师信息化教学能力提升的重要手段

在具体的工作过程中，我们组织各种专题的研讨活动，如现代信息技术方面的、课堂应用方面的、教学组织与设计方面的等。这些专题的产生来自教师信息化教学能力发展的实际，研讨更有实效性，从解决实际问题入手。

6. 引进竞赛评比是教师信息化教学能力提升的有力机制

通过组织课件制作比赛、教学设计及说课比赛、优质课评比等，为教师提供展示与提升的平台。

以上研究理论由张良环老师总结编写出了论文——《提升欠发达地区中职教师信息化教学能力的新思路》，该论文已发表于《广东教育·职教》（2016年第4期），并且被百度学术、龙源期刊网、万方数据网、论文网、维普网等网站引用。

（二）形成了一套基于校本的特色培训课程资源

通过立足本校实际，开展各种研修培训，课题组成员精心收集整理，在培训实践过程中不断修正、改进，形成了一套有特色的信息化校本培训课程。特别是张良环老师主讲的"PPT如何辅助教学"和"如何说好一节课"，除了受到本校教师的欢迎之外，还受邀为县黄冈镇中心小学、粤东技工学校饶平分校的教师和汕头市教育局组织的中职教师培训班开展培训并受到好评，教师们一致认为该校本培训课程具有很强的操作性、实用性和借鉴推广作用。

（三）创建了"以信息化技术为核心的校本研修研究专题网"和学校FTP教学资源网

在本课题的研究中，我们从教师发展和校本研修的特点出发，初步形成了适应研究活动的网站建设思路和网站板块。网站收集了课题研究一系列资料，包括校本培训的课程资源、教师制作的优秀课件、信息化教学设计优秀案例和信息化教学网络课堂课例视频等资源，还开辟了在线研讨区，为教师的研修提供了信息化技术支持和共享资源，也为教师的专业成长搭建了崭新的平台。另外，网站也承载着将课题研究的成果进一步延续、推广和升级的作用。

（四）运用微信，创新了网络教研新平台

信息技术不再只是课堂教学、教研的辅助，已经逐渐成为教研转型的推动力量。"微信"作为一种新兴的信息技术手段，其"微信群组"和"微信公众平台"是教育教研所能利用的最基本的两大功能。运用微信，我们可以定期或不定期为教师手机、平板等终端推送教研信息、教学手段、优秀微课程、优秀微视频等信息，也可以提供实时的咨询指导，已是我校教学教研和教师培训的一种创新模式。

（五）构建适合本校教师研修的管理与评价体系

教师"校本研修"评价体系的构建，要充分认识到评价既是一种管理，也是一种指导与帮助，真正把单纯的评价过程变为指导和促进的过程，变过去"结论性评价"为"发展性评价"。这就要求教师"校本研修"评价主体的多元化和评价方式的多样化。要采取多种方法，让学校行政管理部门、教师和社会各教育主管部门、教育专家共同参与到评价活动中来。课题研究以来，我们先后制定了一系列管理与评价制度，汇编成了《贡天职校校本研修管理制度及工作规程》，以此有效地推动我校以信息化技术为核心的校本研修研究工作的顺利进行。同时立足现实，争取领导重视，加大投入力度，不断改善学校信息化教研与培训的工作环境。

（六）转变教师的教学观念，促进教师信息化教学能力和科研能力的提高

自课题实施以来，我校教师通过课题研究、理论学习和各种形式的教研教学实践的探求，学校教师的信息化教学水平、教育科研能力不断提高。其中，课题主持人张良环老师撰写的论文《手机二维码在中职教材与教学的创新应用研究》和《提升欠发达地区中职教师信息化教学能力的新思路》分别发表于《广东教育·职教》2015年第6期与2016年第4期；课题组成员李德波老师制作的课件"机械传动"、余妙芬老师制作的课件"网上银行服务的使用"分别在学校首届教师多媒体课件制作比赛中荣获一、二等奖；由课题组指导的余曼绚老师的"动画效果设置之超级马里奥"在参加广东省教育厅举办的中职教师信息化教学大赛中获得三等奖，在参加2016年广东省中等职业学校"创新杯"计算机类教师信息化教学设计和说课大赛中荣获二等奖。自课题研究以来，在以"信息化教学课例"为载体的各类比赛中，课题组整理汇编出了《中职信息化教学设计优秀案例集》和多媒体课件集。

八、课题研究的问题与思考

充分发挥现代教育技术优势，积极开展以信息化技术为核心的校本研修，对于促成教师的自我价值实现与专业成长有着传统学校教研所不能替代的作用，必将成为现代校本研修推动教师走专业化成长道路的一种极其重要的方式。为此，我们付出了努力，取得了一定的进步，但研究的问题与困惑也必然存在。

（一）必须与传统的教研活动有机统一

现代化、信息化是时代发展的趋势，但是传统教育教学和教学管理中积淀的成功经验和优势如何在信息化应用实验中良好地融合，使技术和应用成为一体或借助技术的优势使应用更进一层，而不是两条腿走路，是实验进程中必须思考的问题，否则会一味地加重教师的负担，分散教师的时间和精力。如在实践的过程中，我们也发现网上教研有着某些局限性，缺少现场交流的良好氛围，由于时间上的交错，大家的互动交流不够顺畅，不够及时，因此网上教研有时候流于形式，如何提高网上教研的实效性呢？相信随着网上教研活动的不断推进和完善，它能够发挥最大的利用效果。

（二）必须与教师自我发展的内驱力有机结合

课题研究推进的力度和成效取决于教师们观念的转变、行为的跟进、策略的改进和参与的自觉性。信息化应用需要教师付出更多的时间和精力，教师如何统一思想、转变观念，克服工作定式和职业倦怠，通过自我发展的内驱力来克服应用实验中的困难，主动融入实验，尤为关键。如何进一步促进每一位教师更新教学理念，自主地开展日常形式的教学研究，还有待于进一步完善教师成长机制，从根本上促进教师的发展。

"中职'PS图像处理'线上线下混合式'金课'课程建设实践研究"开题报告

各位领导、专家、老师:

大家好!我代表课题组做开题报告,报告分两部分,分别是课题研究论证报告与课题研究设计报告。

第一部分 课题研究论证报告

一、课题提出的背景和要解决的主要问题

2018年,在新时代中国高等教育工作会议上,教育部部长陈宝生首次提出"金课"建设要求。接着在第十一届中国大学教学论坛上,高教司吴岩司长系统阐述了"金课"标准、五大"金课"目标以及建设中国大学"金课"的措施。至此,淘汰"水课"、打造"金课"的行动在全国高校紧锣密鼓开展起来,高职、中职学校也先后积极响应教育部的号召,提出挤水铸金计划,如湖南省提出5年内中高职将各建千门"金课",各中职学校也加大打造"金课"的投入与研究。

为全面贯彻落实《国家职业教育改革实施方案》,推进"三教"改革,促进1+X证书制度试点,构建以学习者为中心的教育生态,提高教师

上篇 理论研究

上篇 理论研究

· 21 ·

建设课程能力，2019年全国职业院校教师教学能力大赛对赛制大改动：参赛作品从2课时改为不少于16学时连续、完整的教学内容（专业技能课程）；参赛人员从单兵作战改为团队合作；提交材料从教学设计、说课课件改为包括参赛作品实际使用的教案、2~5段课堂实录视频、教学实施报告、专业人才培养方案和课程标准。可见备赛已从设计一节"金课"变成打造一门课程"金课"，而建设"金课"课程已成为打造职业院校学校优质教师团队、提升学校教学质量的有效途径。

2020年2月，面对新冠肺炎疫情对学校正常开学和课堂教学造成的影响，教育部印发《关于在疫情防控期间充分利用职业教育专业教学资源库组织好职业院校在线教学活动的通知》，要求各职业院校充分利用上线的慕课和国家、省、校三级优质在线课程教学资源，积极开展线上教学活动。一时间职业院校教师如雨后春笋般在超星学习通、职教云等各大平台纷纷创建自己的课程，据不完全统计，各大平台从2月到4月两个月以来所新建的课程比近5年来创建的课程还多。随着后疫情时代的到来，各校也进入"线上线下混合教学"的新时代，研究线上线下混合式"金课"课程建设也进入新常态。

二、课题研究的意义

我校自2000年在计算机应用专业开设"PS图像处理"，多年的教学改革、发展和传承中，积累了一定学生培养与教师成长经验与资源，同时也存在着教学内容跟不上行业发展、学生创新能力不足、师资力量有限等问题。为了深化教育教学改革，把教学改革成果落实到课程建设上，我们提出"中职'PS图像处理'线上线下混合式'金课'课程建设实践研究"项目，以期实现以下理论与实践价值。

（一）理论意义

国内外众多学者目前对于"金课"的建设研究多数集中在本科或高职院校，对于中职学校"金课"建设的研究极少。而人才培养尤其是中等职业教育的相关研究大多集中于基础教学等问题，对课程建设要素的研究则相对薄弱。本研究以中职计算机应用专业为对象，从课程建设的角度，将教育者和被教育者的视角作为切入点研究其人才培养体系，一定程度上丰富和弥补了当前研究领域中的空白，对我国中等职业教育"金课"建设及人才培养管理理论的丰富与完善具有一定的理论价值和创新意义。

（二）实践意义

通过对中职"PS图像处理"线上线下混合式"金课"建设的实践研究，在促进中职课程建设的科学化、规范化和精品化，提升教师团队教学、科研创新水平，全面提高中职学生PS图像处理职业岗位核心能力和创新创业能力等方面具有一定的实践意义，对于其他中职学校的"金课"课程建设、教师教学创新团队的打造也有一定的借鉴价值。

三、国内外文献综述和研究现状

（一）线上线下混合式"金课"的定义

线上线下混合式"金课"是指依托在线开放课程资源，借助在线教学平台、智慧教学辅助工具，将网络课程教学（线上）与传统课堂教学（线下）有机结合的精品课程。本研究指中职学校要充分利用线上"金课"进行本体化改造，探索线上"金课"的多种应用模式，打造适合本校学生特点和培养需要的金课。

（二）"金课"建设国内外文献综述及研究现状

1. 国内研究

在"双一流""双高"打造的背景下，2018年教育部首次提出打造中国"金课"，从文献分析中也可看出对于"金课"的研究国内相关文献多集中在近两年，研究工作的重点多数倾向于高校"金课"建设的模式与路径研究，在此基础上对国内某一类院校（多数是本科或者高职）"金课"建设存在的问题及对策进行分析，同时对某一类院校某一类"金课"课程建设开展个例针对性研究。比如陕西职业技术学院周丹以"移动商务前端设计"课程为例，从课程目标定位、课程内容设计、教学方法匹配及评价体系构建四个阶段研究OBE理念下高职院校"金课"的建设路径。中国石油大学胜利学院宋会英等以"金课"的"两性一度"为标准，探索并建立理论与实践、传统与现代相结合、内容有挑战度的"计算机组成原理""金课"。课程的理论知识以问题为导向，采用线上、线下、小组讨论、师生互动、学生演讲相结合的教学模式，构建立体化实践多维度评价系统。不仅培养学生的学习能力、组织能力、协调与交流能力，而且为计算机专业其他"金课"的建设提供更多可借鉴的经验。

2. 国外研究

国外对于课程建设更多的是关注"双一流"打造，那么如何才能做到世界一流，就需要研究世界一流的形成过程。一方面从学转变，另一方面从教改善。对于课程建设的理论，如美国著名心理学家、教育家布鲁姆的记忆、理解、应用、分析、评价和创造6个层次认知理论，强调以学为中心的成果导向教育，知识结构强调与职业需求相适应的工作过程导向教育等都很值得借鉴。

而目前国外学校关于一流课程特别是线上线下混合式"金课"建设现状的研究也多是高校研究，国外文献中Margaret等将混合学习应用于英国西南部一个大学的健康护理专业，分别从在线学习与面对面学习内容的选择、如何平衡在线教学与面对面教学等问题出发，研究混合式课程的建设内容设计及该学习模式对于提高学生可持续发展职业学习的效率。日本放送大学在课程建设上通过课程内容、研修标准、资源建设等具体实践方面深入贯彻"以人为本"的教学理念，有效地推动教学活动的开展，灵活的线上线下混合式课程学习制度提升了学生的主导权利，提高了整体学习效率和积极性。

综上所述，通过对国内外"金课"建设相关理论与建设现状研究分析可以看出，"金课"建设目前在世界内已经相当盛行，广大的学者对"金课"建设寄予很高的期望，试图利用"金课"特别是线上线下混合式"金课"的打造改善投入产出比，提高学习效率，提升人才培养质量。目前国内外更多对高校一流课程建设的理论、模式、路径等进行研究，对于中职"金课"建设的研究极少。对于线上线下混合式"金课"建设更多的是教学模式在课程中的应用研究，对于职业院校"金课"建设标准、怎样利用线上"金课"进行本体化改造等的研究也很少。因此，本研究定位于分析中职"金课"建设标准、建设路径和课程评价，打造适合中职本校学生特点和培养需要的线上线下混合式"金课"，并以"PS图像处理"课程为例分析"金课"建设对于打造教师教学创新团队以及人才培养质量提高的影响。

四、完成课题的可行性分析

（一）本项目组成员实力强，结构合理，有开展本项目研究的能力

项目主持人张良环老师是学校教务处教研室负责人，长期践行于教学一线，对人才培养、课程建设、课程教学等流程积累了丰富的经验。本人或辅导教师多次在国家级、省级各类教学能力竞赛中获奖，近两三年公开发表以中职计算机类课程教学为主题的论文5篇，主持或参与各级各类教改项目4项，其中"以信息技术为核心的校本研修研究"课题获第四届潮州市教育教学成果奖一等奖。

项目组各成员由学校信息技术组中有多年"PS图像处理"课程教学经验的骨干教师组成，多次基于线上线下混合式教学设计"PS图像处理"课程教学作品参加市级以上教学能力比赛并获奖。成员有中级职称3名，初级职称2名，都是双师型或双师素质型教师，均主持或参与过各级各类教学改革项目，有能力、有经验，保证本项目的顺利有效实施。

（二）单位对本项目的研究给予大力支持

学校对教学改革研究非常重视，出台了一系列的政策和措施大力鼓励教师申报各级各类教改项目与教科研课题，从资金上和环境上对申报各级各类教学改革项目给予极有意义的资助。

（三）项目实施有一定的前期基础

本课程已培养了多届学生，教学硬件支持有保障，教学资源有积累，疫情期间团队成员也有在超星学习通中建设PS相关课程进行教学的经验。

上篇 理论研究

第二部分　课题研究设计报告

一、课题的研究目标

（1）丰富中职"金课"建设标准、建设路径及人才培养管理理论，并践行到课程开发和课程教学中，使理论发挥其应有的作用。

（2）建成"PS图像处理"线上线下混合式"金课"课程，打造一批市级以上相关"金课"。

（3）提高中职课堂教学质量和教学效果，提升学生自主学习能力、创新创业能力和职业综合素养，提高教师教学教研创新能力。

二、课题的研究内容

（1）中职"金课"价值导向和建设标准的研究。

（2）改革现行"PS图像处理"课程体系，打造线上线下混合式"金课"课程。

① 重塑课程目标与内容。基于工作过程重新定位"PS图像处理"课程，构建对接职业标准的课程标准、课程内容。

② 打造精品教学资源。针对本校学生实际，通过自建与利用线上PS相关"金课"资源本体化打造本校"PS图像处理"课程特色化教学资源。

③ 融合创新现行教学模式。基于超星"一平三端"开展线上线下相结合的教学组织活动，具体、完整记录学习全过程，精准应对典型教学问题，满足学生自主学习与个性化学习需求。

④ 变革现行课程考评模式。改变传统的考试评价方式，采用线上线下混合式教学过程中形成的过程化与个性化相结合、形成性评价与结果性评价相结合的学习成果评价方法，由师评、同伴评、企业行业评等组成多元评价。

（3）完善现行教师成长路径。以培养培训为关键点，提升教师"金课"建设效能；以课程建设与教学方法改革为核心，打造教师教学创新团队，为教学改革创新的可持续提供保障。

三、课题实施方案

（一）中职"金课"价值导向和建设标准的研究

略。

（二）以建设"PS图像处理"线上线下混合式"金课"为导向规范课程建设流程

（1）调查中职"PS图像处理"课程现状、问题，分析应对策略。

（2）收集省级、国家级同类精品课程素材，进行比较研究。同时与企业、行业专家座谈，对典型工作任务进行记录，并做教学论和岗位职业能力分析，确定"PS图像处理"课程教学目标及课程标准。

（3）基于工作过程，对接职业标准、1+X证书试点设计课程框架及具体学习项目。

（4）结合线上"金课"资源本体化或者开发支持线上线下混合式学习所需的教学资源，完成超星学习通中课程的搭建。

（5）构建线上线下混合式教学模式改革模型，标准化线上线下混合式教学设计，并按教学设计在实验班中实施教学过程，随时做好研究数据的收集、分析。

（6）根据项目改革要求制定《线上线下混合式课程学习项目设计要求》《线上线下混合式教学设计模板》《线上线下混合式"金课"评价标准》等管理办法，在学期结束后按要求进行评估。

（三）中职"PS图像处理"线上线下混合教学模式研究与实践

基于学习通教学过程监测、学业水平诊断和学习资源供给等数据的分析、统计，从理论依据、教学目标、操作程序和操作策略等方面进行研究。

（四）基于线上线下混合式"金课"课程建设打造教师教学创新团队的实践研究

以培养培训为关键点，提升教师"金课"建设效能；以课程建设与教学方法改革为核心，提升教师教学及教研改革创新能力。

四、课题研究的思路与方法

（一）研究的技术路线与方法

本项目以淘汰"水课"、打造"金课"行动为背景，以中职"PS图像处理"课程为依托，采用对比、调查、分析、反馈等方法，结合一线实践（经验）来对项目进行研究。

文献研究法：对中职"金课"特征、价值导向和建设标准的研究通过文献研究法来进行，包括中职"金课"建设模式、建设路径及课程评价等方面的理论支持研究。

专家咨询法（小型座谈会征询专家意见）：课程建设前、中、后均需要通过与教育学家和行业企业专家进行咨询，根据专家意见做调整。

问卷调查法：研究"PS图像处理"课程现状、线上线下混合式教学的应用、学习过程中的资源应用问题、教师专业成长效能等，都需要针对学生或教师设计问卷进行调查。

数理统计方法：对问卷调查的数据进行处理时需要用到数理统计方法甚至会用到数据挖掘的一些算法。

实证研究法：本方法贯穿于项目的全过程，其环节主要包含："金课"打造方法提炼、方法应用、调查统计、分析反馈再到方法提炼、方法应用等这样一个理论与实践之间的互相影响和促进并不断螺旋式上升的循环过程。

（二）研究计划

1. 准备阶段（2020年6月—2020年8月）

成立改革项目实验组织机构，制订改革实验方案与计划，完成项目的申报、审批、立项工作，配备改革项目研究所需要的软、硬件材料。

2. 实施阶段（2020年9月—2022年7月）

（1）2021年6月前：基于线上线下混合式"金课"标准重建"PS图像处理"课程标准、课程内容和教学资源等，依据《线上线下混合式教学设计模板》标准化教学设计并进行第一轮实证研究。

（2）2021年7月至8月：对第一轮实证研究调查问卷进行分析和数据挖掘，并提出不足和整改措施。形成阶段性文字成果，并积极投稿。

（3）2021年9月至2022年6月：第二轮实证研究，对研究指标进行实时记录、调查，聘请专家指导再优化。

（4）2022年7月：对第二轮实证研究调查问卷进行分析和数据挖掘，再次提出不足和整改措施，对两轮的不足和整改措施进行总结。

3. 总结阶段（2022年8月—2022年10月）

整理、分析实验数据、资料，撰写课题研究报告和论文，收集整理实验所有资料，分门别类汇集成册，进行结题。

五、课题研究人员的分工

课题组组长：张良环，学校教务处教研室负责人，中学信息技术高级教师，主持课题研究工作，制订方案，综合材料审定，撰写研究报告。

课题组成员：

余佳乐，中学信息技术一级教师，负责课程内容设计、课程资源建设以及教学应用等工作。

余妙芬，学校电子商务教研组组长、中学信息技术一级教师，负责课程内容设计、课程资源建设以及教学应用等工作。

黄萃娴，中学信息技术二级教师，负责课程内容设计、课程资源建设以及教学应用等工作。

周金额，学校电脑教研组组长、中学信息技术一级教师，负责项目前期后期的调查，以及研究数据分析与挖掘工作。

林映辉，美术专业，负责项目研究资料整理与收集。

六、本课题研究的预期成果

（一）项目预期的成果和效果

（1）中职线上线下混合式"PS图像处理"金课建设实践研究报告（拟由研究背景、课程建设标准、课程建设路径、课程实施效果对比分析、总结与展望等组成）。

（2）公开发表论文3篇及以上（主题涉及中职"金课"课程标准、线上线下混合式教学、基于"金课"课程建设打造教师教学创新团队等研究）。

（3）项目完成后，"PS图像处理"课程体系更加完善，课程标准、线上线下混合式教学资源和教学设计更符合中职教育特点，更能提高学生就业能力、创新能力。

（二）预期推广与应用范围

本课题的研究成果预期先在学校计算机应用专业进行实践，然后进一步向校内和校外相关专业进行推广，取得预期效果后进一步申请成果并争取在广东省范围内广泛推广、应用。

（三）受益面

中等职业技术学校计算机应用相关专业的学生是本项目最大受益者，他们可以在同等条件下学习更多满足实际工作岗位要求的职业技能和知识，在就业中具有更强的竞争力。相关课程的教师是本项目的另一受益者，在课程开发技术、课程标准开发能力、线上线下教学设计实施能力、团队协作能力等方面具有重要的指导和提升作用。此外，相关学校、相关校企合作企业也是受益者。

"中职'PS图像处理'线上线下混合式'金课'课程建设实践研究"结题报告

  由张良环老师主持的广东省中等职业教育教学改革项目——"中职'PS图像处理'线上线下混合式'金课'课程建设实践研究"在经过前期大量实践研究的基础上，于2020年12月得到广东省教育厅正式批准立项，在项目组成员的共同努力下，经过调研、理论分析和实践探索，2022年11月完成了这一项目的研究，现将该改革项目的立项背景、项目建设思路、目标、建设内容与研发路径、主要建设成果、经费使用情况、当前仍存在的主要不足和今后进一步建设的努力方向等有关情况总结如下。

一、项目立项背景

（一）顺应我校实施教学质量与教改工程的需要

  2018年在新时代中国高等教育工作会议上，教育部陈宝生部长首次提出"金课"建设要求。接着在第十一届中国大学教学论坛上，高教司吴岩司长系统阐述了"金课"标准、五大"金课"目标以及建设中国大学"金课"的措施。至此，淘汰"水课"、打造"金课"的行动在全国各类学校紧锣密鼓开展起来。遴选校级"金课"，积极争取省级线上线下混合式"金课"，并立项给予支持开展相应建设工作，是我校实施"教学质量与教学改革工程"的一项重要内容，是进一步推进教育创新，提高教育教学质量的重要举措。我校自2000年在计算机应用专业开设"PS图像处理"，在多年的教学改革、发展和传承中，积累了一定学生培养与教师成长经验与资源，同时也存在着教学内容跟不上行业发展、学生的岗位职业能力与创新能力不足、师资力量有限等问题。为了深化教育教学改革，把教学改革成果落实到课程建设上，我们提出"中职'PS图像处理'线上线下混合式'金课'课程建设实践研究"项目。本项目研究小组认为，开展对中职"PS图像处理"线上线下混合式"金课"建设的实践研究，在促进中职课程建设的科学化、规范化和精品化，提升教师团队教学、科研创新水平，全面提高中职学生PS图像处理职业岗位核心能力和创新创业能力等方面具有一定的实践意义，对转变教学观念，深化教学改革，加快推进质量强校建设，具有极其重要的意义。

（二）符合新时代深化中等教育改革的要求

2020年2月，面对新冠肺炎疫情对学校正常开学和课堂教学造成的影响，教育部印发《关于在疫情防控期间充分利用职业教育专业教学资源库组织好职业院校在线教学活动的通知》，要求各职业院校充分利用上线的慕课和国家、省、校三级优质在线课程教学资源，积极开展线上教学活动。一时间职业院校教师如雨后春笋般在超星学习通、职教云等各大平台纷纷创建自己的课程，据不完全统计，各大平台从2020年2月到4月两个月以来所新建的课程比近5年来创建的课程还多。随着后疫情时代的到来，各校也进入"线上线下混合教学"的新时代，研究线上线下混合式"金课"课程建设也进入新常态。本项目将从课程建设的角度，将教育者和被教育者的视角作为切入点研究其人才培养体系，一定程度上可以丰富和弥补当前研究领域中的空白，对我国中等职业教育"金课"建设及人才培养管理等方面的教育改革提出新的探索。

二、项目建设思路和内容、研发路径

（一）项目建设总体思路

线上线下混合式"金课"是指依托在线开放课程资源，借助在线教学平台、智慧教学辅助工具，将网络课程教学（线上）与传统课堂教学（线下）有机结合的精品课程。本项目定位于分析中职"金课"建设标准、建设路径和课程评价，强调中职学校要充分利用线上"金课"进行本地化改造，在课程建设与教学组织实施过程中充分发挥信息技术在资源创建、情境创设、教学互动、数据分析、教学诊断等方面的优势，打造出适合中职本校学生特点和培养需要的线上线下混合式"金课"，并以"PS图像处理"课程为例分析"金课"建设对于打造教师教学创新团队以及人才培养质量提高的影响。

（二）项目建设目标

（1）丰富中职"金课"建设标准、建设路径及人才培养管理理论，并践行到课程开发和课程教学中，使理论发挥其应有的作用。

（2）经过两年左右时间，建成"PS图像处理"线上线下混合式"金课"课程，让教学资源突破学校和时空的局限，成为市级乃至省级同行可供借鉴的课程资源，同时打造一批市级以上相关"金课"。

（3）提高中职课堂教学质量和教学效果，提升学生的"四个意识"和"四个能力"（实践意识和实践能力、合作意识和合作能力、创新意识和创新能力、终身学习意识和终身学习能力），提高教师教学教研创新能力。

（三）项目建设内容与研发路径

依据"立德树人、能力为本""德技并修"育人理念，坚持"项目驱动、任务引领、岗位导向"的职教特色，项目组规划了"确立价值导向和建设标准、重塑课程目标与内容、打造精品教学资源、融合创新教学模式、变革考核评价机制、完善现行教师成长路径"六大建设任务，稳步推进项目的研发。

1. 研究中职"金课"特征，确立价值导向和建设标准

"金课"源于本科教学改革的需要，从概念的提出看，"金课""水课"的提出是针对本科教育的。无论是陈宝生部长提出的"有深度、有难度、有挑战度"的"金课"要求，还是吴岩司长解读"金课"特征时提出的"两性一度"，即高阶性、创新性和挑战度，我们觉得都与职业教育特别是中职教育课程诉求有出入、不很吻合。因此，研究中职"金课"价值导向与建设标准就显得尤为重要，这将是我们建设的准绳。

项目组通过查阅知网、万方数据库、维普网等知名学术网站相关文献，同时也对MOOC大学、国家教育资源公共服务平台上的相关课程进行查阅、记录，又结合历年来我们团队参加职业院校教学能力大赛的备赛经验与课程建设体验，认为中职"金课"包括课程讲思政、教学内容新、教学方法优、考核方式活、教学资源精品化、教学团队强六个核心要素，中职"金课"更应该具有职业性，这是与普通教育的区别，也是核心价值与优势所在。同时提出中职"金课"的建设需要遵循"重视课程思政，彰显育人目标""强调能力导向，符合发展需求""主张跨界融合，协同育人"这三个价值导向。并从课程目标、课程内容、教学组织与实施、教学评价、改革与创新五个方面提出"金课"建设标准。

2. 聚集课程目标内容重塑，搭建知识技能框架

通过走访汕头市万利广告和星火广告、澄海老沛广告设计、潮州领航广告设计、饶平尚馨文化传播、饶平禾木广告、"1+1"快印等周边相关企业，了解到企业大部分岗位范围主要包括修图/调色技师、数码快印、网站/公众号编辑、方案/策划、网页制作/美工、广告设计和平面设计等十几个岗位。在与行业、企业专家深入研究行业新规和典型工作任务的基础上，向企业与行业分别发出《平面设计广告行业对中职培养人才需求的问卷调查》《中职〈PS图像处理〉课程教学现状调查》等问卷。依据调查数据，围绕平面设计、影楼、媒体公司等企事业单位相关工作任务及其工作过程做教学论和岗位职业能力分析，确立"PS图像处理"课程的思政目标及知识能力目标。从平面设计、综合艺术设计等职业岗位能力分析出发，基于工作过程，对接职业标准、1+X证书试点将课程重构成10个项目，15个学习情境的教学内容，构建基于能力为本的项目化、情境化课程框架（见图1）。这15个学习情境主要由传统平面设计的典型应用案例和当前用户界面设计中的热点案例组成，传统平面设计案例包括书籍装帧、海报制作、照片处理、商业插画等，主要任务是提高学生的欣赏能力，开阔眼界，扫除软件操作的障碍，为后续大项目做好准备。用户界面设计中热点主要完成“手机图标设计”“App界面设计”，按照工作岗位需求设立工作任务，重构教学内容，从简到繁，强化自主学习能力、创新能力和职业岗位核心能力，满足学生职业生涯发展的需要。

^ 第1章 入门之道——基础
- 1.1 PS能做什么? ❶ ✓
- 1.2 快来了解PS基础 ❶ ✓
- 1.3 画面操作 ❶ ✓
- 1.4 移动大法 ❶ ✓
- 1.5 看我魔法棒 ❶ ✓
- 1.6 魔法棒之兄弟快速选择 ❶ ✓

^ 第2章 武艺十分般——修复工具
- 2.1 战痘能手 ❶ ✓
- 2.2 缝缝补补 ○ ✓
- 2.3 孙悟空十八变 ○ ✓
- 2.4 瞬间填满法 ○ ✓
- 2.5 红眼工具和内容感知移动工具 ○ ✓

^ 第3章 马良也要靠他们——绘图
- 3.1 美好颜色要靠它 ❶ ✓
- 3.2 钢笔工具 ○ ✓
- 3.3 看！神奇的画笔 ○ ✓
- 3.4 综合案例——给漫画人物上色 ❷ ✓

^ 第4章 层层叠叠之妙——图层
- 4.1 图层基础 ❷ ✓
- 4.2 图层混和模式 ❶ ✓
- 4.3【扩展知识】做一个扁平化的APP登录页面 ❶ ✓
- 4.4 图层样式 ❷ ✓

^ 第5章 变幻的色彩
- 5.1 图像色彩调整一 ❸ ✓
- 5.2 图像色彩调整二 ❺ ✓
- 5.3 拓展：好看的配角 ❹ ✓

^ 第6章 形美感目——文字的力量
- 6.1 创建文字 ○ ✓
- 6.2 文字变形 ❷ ✓
- 6.3 项目实训：潮汕美食包装盒设计制作 ○ ✓
- 6.4 文字拓展 ❷ ✓
- 6.5 小结和测试 ❶ ✓

^ 第7章 神奇的助手——蒙版
- 7.1 图层蒙版 ❸ ✓
- 7.2 图层剪贴蒙版 ❷ ✓
- 7.3 实训1：店铺首页banner设计制作 ○ ✓
- 7.4 实训2：APP类banner设计与制作 ○ ✓

^ 第8章 Encore! Encore!——商业插画设计与应用
- 8.1 商业插画 ❻ ✓
- 8.2 插画在茶叶包装设计中的应用 ⓲ ✓
- 8.3 手机主题U1界面设计 ❹ ✓

^ 第9章 变美之必要——滤镜
- 9.1 图像滤镜 ❻ ✓

^ 第10章 终极大法——通道
- 10.1 通道的基础知识 ❸ ✓
- 10.2 通道的高级操作 ❸ ✓
- 10.3 实训：海报设计制作 ○ ✓

图1

为便于教学组织，每个学习情境再细分为3～4个任务。比如，海报设计制作就由海报设计定位、海报创作和海报印前校样3个任务组成，共生成22个任务。根据任务归纳出94个知识点和78个技能点，形成了“知识树”和“技能树”共同组成的“PS图像处理”课程“智慧树”，从而搭建起能支撑在线开放课程开发的系统架构。

3. 利用线上“金课”资源本地化，依托平台激活资源

为促进学生的个性化学习，提升职业能力和素养，课程需要丰富的多媒体资源支持教学重难点的突破。课程资源建设包括课程标准、教案、微课视频、在线作业库、在线试题库、课堂活动和素材、知识拓展资料等，对于普通的中职教师团队来说，这是一个非常大的工作量，而且做的资料不一定规范。随着MOOC大学、职业教育MOOC教学资源的不断建设，线上资源丰富而有趣。本项目组认为可以充分利用线上“金课”同类资源进行本地化，完成超星学习通中课程的搭建。于是，团队借用工程施工原理，根据行业需求遴选出每个任务所匹配的合适教学资源，形成《课程教学资源设计任务书》，再按照任务书的要求或精选或撰写详细开发脚本设计资源。借助超星平台及时将资源在日常教学改革实践中落地，使之激活；根据应用中发现的问题，对资源进行不断的打磨和优化，直至成为精品。

历经两年时间的研发与实践，项目组参考了湖南铁道职业技术学院"Photoshop图像处理"、艺术学院"Photoshop项目化教程"、东莞职业技术学院"图像处理Photoshop"和信阳农林学院"Photoshop入门"等线上课程，通过改造与开发支持线上线下混合学习所需的教学资源，并在超星学习通平台开展应用，现已积累了任务点94个，原创微课视频25个，1个在线作业库，1个在线资料夹，课后测试题20套，教学PPT10章，任务单26份等在线资源，满足PC端和手机端灵活学习（见图2）。利用超星建立了教学、学习、在线答疑、互动交流的课程平台，实现讨论、监督、指导，形成"线上+线下"和"PC+移动端"多维教学方式，切实引导学生的学习习惯，提高自主学习能力。同时平台提供的学习数据有利于教师进行学情分析与成绩统计，让老师能对学生进行个别化指导，有针对性地提高个别学生的学习效率。

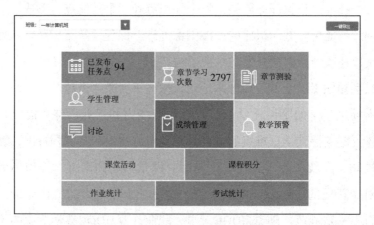

图2

4. 融合创新教学模式，标准化教学流程

基于现代职业教育理念，借鉴国家级和省市级职业院校教学能力大赛

等涌现的优秀教学典型案例，项目组遵照"内容项目化、过程实战化、制作产品化"的理念，采用"赏、教、学、做、创、评"线上线下混合式一体化教学模式精心设计教学流程。即先通过线上展示各种成功案例特别是特色鲜明的区域文化案例让学生欣赏，线下师生共析、演示案例制作，接着以项目为主导，学生通过小组合作探究完成相关知识点，然后让学生模拟岗位实践（顶岗实习），接手企业实际项目进行操作和创作，最后再线上、线下赏析作品，修改作品，提高鉴赏与创新能力，形成教学闭环。具体如图3所示。

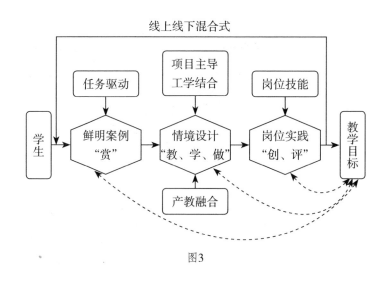

图3

项目组尽可能标准化线上线下混合式教学设计，并按教学设计在实验班中实施教学过程，随时做好研究数据的收集、分析。基于超星"一平三端"开展线上线下相结合的教学组织活动，具体、完整记录学习全过程，精准应对典型教学问题，满足学生自主学习与个性化学习需求，也为"PS图像处理"课程改革落地实施提供了可操作的教学范例。

5. 科学设计评价方案，助力实施多元评价

超星平台具备大数据分析功能，可多次、即时、多维采集教与学的过程性数据，因而可以助力教师实施形成性评价。项目组针对中职生特点，聚焦职业能力和素养，采用"线上+线下""课内+课外""日常表现+期

上篇 理论研究

中考核+期末考核"的评价方式，科学设计过程性评价和总结性评价相结合的课程综合评价方案（见表1）。

表1

评价类型		评价参数	权重（%）	评价主体
过程性评价（40%）	线上评价（15%）	学习资源	4	平台+教师
		线上作业	4	
		互动讨论	2	
		在线测试	4	
		平台签到	1	
	线下评价（25%）	日常出勤	2	平台+教师
		参与互动	3	平台+教师+学生互评
		学习态度	3	教师+学生自评+学生互评
		完成任务	3	教师+学生自评+学生互评
		笔记情况	4	教师
		完成作业	3	教师
		协作能力	3	教师+学生自评+学生互评
		阶段考核	4	平台+教师+企业专家
总结性评价（60%）	期中考核（30%）	理论考核	10	平台+教师
		技能考核	20	教师+平台+企业专家
	期末考核（30%）	理论考核	10	平台+教师
		技能考核	20	教师+平台+企业专家

过程性评价由线上评价和线下评价组成：

（1）线上评价，教师借助平台可以对学生的学习情况进行全方位考查；

（2）线下评价，教师可以依托平台，综合运用教师和企业专家评价，以提高学生的学习积极性和团结协作能力。

总结性评价由期中考核和期末考核组成，又细分为理论和技能的考核，理论部分的题型包括客观题和主观题，可以直接通过平台测试。

6. 基于"金课"建设，完善现行教师成长路径

"金课"建设和教师创新团队建设之间有着密不可分的联系，"金课"建设有赖于优秀的教师团队，建设"金课"为教师个人发展提供了空间。项目组以"PS图像处理"线上线下混合式"金课"建设为契机，依托教师创新团队的建设，在"金课"建设和教师创新团队建设有机结合方面进行了积极探索。一是以培养培训为关键点，提升教师"金课"建设效能。二是以课程建设与教学方法改革为核心，打造教师教学创新团队，为教学改革创新的可持续提供保障。

三、项目建设实践成果

（一）课程建设的实践成果

2020年疫情防控期间，项目组就借助超星平台上传成形的"PS图像处理"在线课程，教学团队开始深入探究线上线下混合式教学模式，起初只是在计算机应用专业试点。随着教学资源的不断补充，课程建设不断完善，2020年9月至2021年7月，课程应用于计算机应用专业及电子商务专业不同试点班，应用范围不断扩大。2021年7月至8月，项目组对第一轮实证研究调查问卷进行分析和数据挖掘，并提出不足和整改措施，充分利用暑假时间，项目组对存在不足的微课视频、课件进行修改，也重新梳理了课程项目顺序及完善其他相关资源。2021年9月至2022年7月，项目组又进行了第二轮实证研究，对研究指标进行实时记录、调查，聘请了韩山师范学院及县教育局相关专家进行指导再优化。截至目前，"PS图像处理"课程已形成比较完善的课程体系和课程标准，已建设了10个章节的在线资源，授课视频79个，总时长462分钟，非视频资源45个（见图4）。

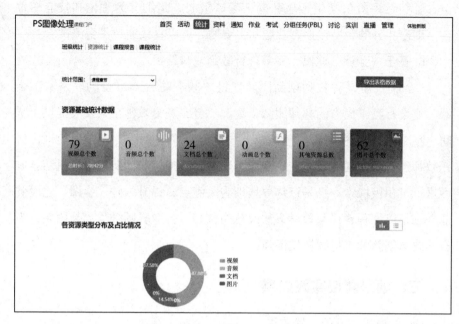

图4

包括教学任务单、教学PPT、在线作业库、在线资料库和课后测试题等。截至2022年10月，课程累计用课人数达到546人、互动3315次，访问近10万人次。

两轮实证研究过程中，项目组采用线上线下混合式教学，课堂教学面貌不断改观。以学生为主体，教师的教学方式和学生的学习方式发生了积极而深刻的变化，师生反馈两者关系日趋民主和谐，学生的学习兴趣、沟通能力、自主学习能力不断提高。经过一年的学习，多数学生能逐渐由入门新手成长为具有创新精神的设计能手，在参加校内外各级各类设计比赛中，屡获佳绩。特别是2022年6月，学生詹锦植、张彦宏代表学校首次参加潮州市职业技能大赛之"广告设计师"赛项崭露头角。通过课程问卷，学生反馈课程教学资源丰富生动、组织合理有序、方法科学先进，从而有效推进课程改革，教学质量显著提升。"PS图像处理"课程已于2021年向广东省教育厅申报并获批为2021年省中职教育教学质量与教学改革工程立项项目，目前已按要求完成任务书编制工作，并将于2023年参与在线精品课程评审。

（二）论文成果

（1）张良环老师撰写的论文《浅析中职"金课"价值导向和建设标准》于2021年11月在《辅导员》杂志发表，（国际标准刊号：ISSN0427；国内统一刊号：CN11-1333/G4）。

（2）余妙芬老师撰写的论文《以就业为导向的PS教学研究》在2021年广东省职业院校优秀论文征集评选活动中荣获三等奖，并发表在《美眉》职业教育（国际标准刊号：ISSN1671-8429；国内统一刊号：CN44-1516/Z2021）。

（3）周金额老师撰写的论文《基于产教融合的平面广告设计行业人才培养的策略——平面设计广告行业对中职培养人才需求的问卷调查分析报告》在2021年广东省职业院校优秀论文征集评选活动中荣获一等奖，并发表在《美眉》职业教育（国际标准刊号：ISSN1671-8429；国内统一刊号：CN44-1516/Z2021）。

（4）周金额老师撰写的论文《线上线下混合式教学在PS图像处理课程中的应用》参加饶平县2021年教师教学科研论文评比获得三等奖。

（5）张良环老师撰写的论文《基于"金课"建设，打造教师教学创新团队的实践与思考》参加2022年饶平县教育教学科研论文评比。

（三）教学能力参赛成果

（1）黄萃娴老师以作品《文化旅游创意视觉下单枞茶包装设计》参加2021年潮州市青年教师教学能力大赛获得一等奖，参加广东省青年教师教学能力大赛获得三等奖。

（2）余佳乐老师、黄萃娴老师在2019年全省职业院校技能大赛职业院校教学能力比赛中职组教学设计赛项中，参赛作品《巧饰"庙宇"添"香火"》荣获三等奖。

（3）林映辉老师在参加贡天职校"金课"建设暨2021年教师教学能力比赛中荣获三等奖。

（4）周金额老师在参加贡天职校"金课"建设暨2021年教师教学能力

比赛中荣获二等奖。

（5）黄萃娴老师在参加贡天职校"金课"建设暨2021年教师教学能力比赛中荣获一等奖。

（6）张良环老师组建团队设计的作品《农产品单品直播脚本制作及执行》获得2021年省中职教育教学质量与教学改革工程课程思政教育案例认定。

（7）余佳乐老师团队设计的课程"PS图像处理"获得2021年省中职教育教学质量与教学改革工程在线精品课程认定。

（四）团队教师成长成果

（1）项目负责人张良环老师于2021年9月被广东省人民政府评选为"特级教师"。

（2）团队教师周金额于2021年9月被中共广东省委教育工作委员会、广东省教育厅、广东省人力资源和社会保障厅、广东省总工会评选为"南粤优秀教师"。

四、经费使用情况

本项目经费支出科目及金额（元）具体如下：版面费6000元；调研差旅费4000元；资料费6000元；视频制作费16000元；易耗品费：1000元；试题库建设费：1500元。合计34500元。

五、存在问题

线上课程案例还需进一步完善，特别是部分视频是利用线上资源进行本土化设计，但学校个性化的设计太少，而且风格也不统一。

课程资源的使用面还不够广，能用于研究的数据有限，仍需加强推广。

"PS图像处理"在线精品课程建设方案

一、课程介绍和建设目标

（一）课程介绍

本课程是计算机类及电子商务类相关专业的必修课程，特别是计算机应用专业的核心课程，具有广泛的应用面。主要引领学生熟练掌握Photoshop软件的工具，掌握Photoshop图像编辑、抠图、调色以及文字处理、绘制、图像特效和设计。

（二）课程目标

课程完成后，将提高学生对课程的学习积极性，和对作品的鉴赏能力与创新能力。通过教学资源共享，实现个性化学习，针对不同层次的学习者，能够利用课程平台，基于岗位需求设立工作任务，解构知识结构，重构教学内容，从简到繁，符合学生认知规律，以就业为导向，以操作能力为主线，培养学生的工具使用能力、设计技巧能力、思维创造能力等综合职业能力，满足学生职业生涯发展的需要。主要目标如下：

（1）利用超星学习通平台建立在线课程，以学生为中心，构建应用于课堂的资源，能够支持混合式教学的课程，支持手机App和网页端学习，使教学活动更符合学习者的兴趣和习惯。

（2）不断更新教学内容，使教学内容更合理、科学。形成完整的课程教学设计方案。

（3）细化、完善线上线下评价相结合的多元考核评价模式。

上篇 理论研究

（4）通过微视频、资源资料，提高学生的学习能力和实践能力。

（5）用"赏、教、学、做、创、评"线上线下混合式一体化教学，与企业产教融合，使课堂作业产品化。

二、建设内容

本课程建设涵盖课程标准规定的内容、覆盖课程的知识点，包括教学设计、教学实施、教学过程、教学评价等，支持线上和线下的混合式教学。

（1）课程标准：制定与优化教学设计、教学内容、教学评价、教学环节和项目、设计等内容。基于工作过程，对接职业标准，1+X证书试点设计课程框架及具体学习项目，融合线上线下混合式教学模式的内容建设。重构课程为7个项目、7个学习情境的教学内容，构建以能力为本的项目化、情境化课程框架，学习情境主要由传统平面设计的典型应用案例和当前用户界面设计中的热点案例组成，每个学习情境再由1～3个任务组成。

（2）录制与课程相应的微课程，增加原创微视频时长和个数（20个以上）；完善PPT课件，每个项目有对应的PPT课件。

（3）建立多元化评价体系，改变传统的单一评价方式，经过系统设置权重，使评价多元化（包含过程性评价和终结性评价）。主要考查学生相关知识与技能掌握程度和应用能力。

（4）建立资源库：添加优质的与课程相关的视频、文章、链接、素材等。开拓课后资源，丰富学生对专业领域的知识，增加行业相关知识点和赏析作品的数量，满足学生职业生涯发展的需要。

（5）作业库：根据学习进度、学习项目、课程实训要求设置相应的训练任务。

（6）设计活动、讨论话题进一步激活学生学习的互动，达到更好的学习效果。

三、建设举措

（一）成立课程建设小组

成立精品在线课程建设小组，现有成员8人，由6位本校专业课教师和2位企业广告设计师组成。其中高级职称1人，中级职称5人；年龄均在45岁以下，其中75%是40岁以下；所有本校教师均是本科计算机类专业毕业，企业讲师均是广告设计类专业毕业。明确分工，强化责任，细化分工，分解任务，对各自承担的任务负责，定期开展专题会议，讨论出现的问题，解决出现的问题，按时保质完成各项建设。

（二）开展调研

开展前期调研与交流，了解学生的基础情况和学习情况，行业的实际需求与动态，完成相应的调查问卷和调查报告。

（三）加强师资培训

课程团队参加职称评审、参加相关技术培训，了解企业行业岗位的运作，提高微课制作的技巧，教师参加教学能力比赛，组织校级广告设计技能比赛等。

（四）进度安排

2020年9月至2021年1月基于线上线下混合式"金课"标准重建"PS图像处理"课程标准、课程内容和教学资源等，依据《线上线下混合式教学设计模板》进行标准化教学设计和第一轮实证研究。

2021年7月至8月：对第一轮实证研究调查问卷进行分析和数据挖掘，并提出不足和整改措施。形成阶段性文字成果，并积极投稿。

2021年9月至2022年6月：第二轮实证研究，对研究指标进行实时记录、调查，聘请专家指导再优化。

2022年7月至8月：对第二轮实证研究调查问卷进行分析和数据挖掘，再次提出不足和整改措施，对两轮的不足和整改措施进行总结。

2022年9月起完善、增补教案及课件、教学视频、在线测试、素材库等内容，并将课程在全校各专业推广。

（五）经费预算

经费预算3.6万元，主要用于师资建设、课程资源建设、课程研究建设。

"PS图像处理"精品课程经费预算如表1所示。

上篇 理论研究

表1

项目 \ 年度	2020.9—2021.8	2021.9—2022.10	经费小计（万元）
课程教学建设	0.2	0.3	0.5
课程团队建设	0.5	0.5	1
课程资源建设	0.3	1.3	1.6
课程研究建设	0.2	0.3	0.5
合计	1.2	2.4	3.6

（六）保障措施

1. 经费保障

学校每年投入一定的资金进行教学质量工程建设，拟对各级精品在线开放课程给予一定的建设经费，并建立项目建设资金使用管理制度，目标明确、具体、量化。

2. 制度保障

学校制定了一系列的规章制度，加强精品在线开放课程日常建设与管理，确保其建设质量，并制定了将教师参与精品在线课程建设纳入教师工作量和绩效工资的制度。

四、预期效益与标志性成果

（1）预期效益与标志性成果表

（2）辐射带动

"PS图像处理"在线课程将成为标志性成果，对课程建设水平、教学质量的提高起到推动作用，也带动其他未开展线上线下混合式教学的专业去尝试开展建设。

课程思政在中职信息技术课程
教学中的新探索

2019年6月，教育部印发的《全国职业院校教师教学创新团队建设方案》明确要求要健全德技并修、工学结合的育人模式，构建"思政课程"与"课程思政"大格局，实现思想政治教育与技术技能培养融合统一。2019年12月教育部发布《关于加强和改进新时代中等职业学校德育工作的意见》，明确指出中职学生正处在人生成长的"拔节孕穗期"，最需要精心引导和栽培。除了要充分发挥思想政治课的关键作用外，在其他公共基础课、专业理论课和实习实训中也要渗透思想政治教育内容，形成协同育人效应，要把思想政治教育渗透情况作为衡量课堂教学和实习实训效果的重要标准。因此，在新职教理念下，不局限于思政课程德育教育功能，发挥所有课程育人功能，挖掘所有课程的德育元素，构建全面覆盖、类型丰富、层次递进、相互支撑的职业教育课程体系，培养以品德修养为撇、技术技能为捺支撑起来的"人"，已经成为职业教育改革与发展的重要使命和人才培养的重大任务。

一、在中职信息技术课程中实施课程思政的必要性

（一）中职信息技术课程思政的内涵解析

课程思政是指以构建全员、全程、全课程育人格局的形式将各类课程与思想政治理论课同向同行，形成协同效应，把"立德树人"作为教育

的根本任务的一种综合教育理念。"信息技术"是目前中职学校普遍开设的公共基础课程，目的是使学生掌握信息技术基本知识与技能，培养他们在所学专业与相关领域中应用信息技术的能力，为学生日后劳动就业和继续学习应用信息技术解决实际问题奠定良好的基础。中职信息技术课程思政就是要在教学中根据信息技术课程自身特性深入挖掘内隐的思政教育资源，找准切入点，更好地将党的十九大精神、榜样精神、工匠精神、社会主义核心价值观和职业道德等融入教学的各个环节，以间接、隐性、润物无声的方式实现"知识传授"与"价值引领"的统一，从而实现该课程与思想政治理论课同向同行，形成协同育人。

（二）中职信息技术课程中实施课程思政的必要性

1. 中职信息技术课程教学现状分析

目前中职信息技术课程教学普遍将重点偏向于对学生专业性和技术性的培养，长期以来"重技轻德"的现象普遍存在。要么功利化教学，为证而教，技能证书考什么就教什么，学业水平测试测什么就学什么，导致考试拿高分但对于实际操作却无从下手；要么技术实用化教学，什么实用教什么，什么流行学什么，使学生简单地沦为技术的使用者，很少关注学科思维及独特的育人功能。要破解"只见技术不见人"的困顿，在课程的教学中改变学生的思维方式和行为态度，形成自己的道德判断与价值认同，信息技术课程思政教学改革就显得至关重要。因此，在中职信息技术课程中以专业技能知识为载体加强学生思想政治教育，有助于扭转专业课程教学重技轻德现象，有助于培养德技并修、全面发展的新时代社会主义建设者和接班人。

2. 新时期中职生心理、思想与行为问题分析

在当前互联网时代，中职生无论是心理、思想还是行为品德都存在着不容忽视的问题。一方面中职生的世界观、人生观、价值观正处在逐步形成时期，心理尚不成熟，但他们思维活跃、好奇心重，容易被网上的色情、暴力等不良信息所诱导，容易被电脑占卜等伪科学信息或一些蹭热点的谣言信息所蒙蔽，严重影响其思想，危害其健康，加上网络上相应

的管理条例、法律相对滞后、不健全，监管不到位，容易造成网络犯罪。据统计，近年来网络犯罪案件数量以30%的速度逐年递增，其中就不乏中职生参与的网络诈骗、网络盗窃等行为。另一方面，部分中职生公德意识严重缺失，行为品德较差。如上机时随意删除文件、私自篡改系统设置、恶意设置开机密码等行为屡见不鲜，甚至是设计或传播计算机病毒、恶意攻击政府网站、破坏金融机构数据、窃取考试信息等。这些都说明了对中职生开展思想政治教育的重要性，思政教育融入中职信息技术课程教学过程中，可以逐步培养中职生的辩证思维，能够帮助其在人生的"岔路口"做出正确的选择，面对复杂的网络世界，能够用辩证思维看待问题，自觉地摒弃不良影响，真正成长为在技能操作、心理思想上全面发展的高素质人才。

二、课程思政在中职信息技术课程中的实施途径探索

（一）增强育人意识，提升育人能力

在当前立德树人大背景下，仍有教师认为自己的本职工作就是传授课程知识，或者说让一个非思政课教师在课堂上进行思政教育既浪费时间，又不专业。这是对教师职责的片面理解，也是对课程思政的误解。

教师是课程教学实施的主导者，教师的育人意识和育人能力直接关系课程思政的质量和效果。首先要从学校层面制定相关的制度及考核标准等，明确要求教师将思政教育贯穿到教学之中，树立"课程有德育，教师讲育人"的理念，开展专题培训、课程思政优秀课例示范和政治理念学习等，逐步提升教师学科育人的意识与能力。其次教师层面要有"大思政"理念，"身教胜于言传"，教师要自觉加强自身思想政治理论学习以提升育人能力，多关注时事热点和形势政策，并引导学生作出科学的分析，主动挖掘信息技术课程教学与思政课程的契合点，最大化实现学科育人价值。比如，面对当前新型冠状病毒疫情加快蔓延的严重形势时，作为信息技术教师应该主动作为，可以引导学生共同利用信息技术制作疫情防控宣传的PPT、动画、视频等并在微信班群、QQ校群发布，同时利用数据筛

选、分析等技术助力学校、社区疫情精准防控，提高师生参与信息社会的责任感和行为能力。

（二）在教学组织实施的各个环节中渗透课程思政

"课程思政"是一项具有复杂性和系统性的工程，其规划、建设和实施完全渗透了教学组织实施的各个环节。首先要结合新颁布的《中职信息技术课程标准》及学科特性，在课程目标中加入思想政治教育，设计具体将知识点与课程思政元素进行有机糅合的项目任务，实现"知识传授、能力提升和价值引领"的课程教学目标；其次在课堂教学中微信公众号、云课堂智慧职教、学习通软件、蓝墨云班课等网络平台灵活采取多样的教学方式，提倡加入思政元素的项目式教学，通过"隐性"的方式让学生获得"爱国、敬业、诚信、友善"的培养，形成"自尊自律、精益求精"品格和"向善向上"的心理品质，让学生在小组合作中，"能主动作为，团结合作，对自我和他人负责"，实现润物细无声；最后调整和完善课程教学反馈评价体系。重新规划专业评价和思想政治评价的占比，将原来只有专业知识与技能考核的评价标准改进为加入25%的思想政治评价体系。同时可以借助网络教学平台进行自评、互评及生（师）评等多元化评价，提高评价活动的效率，促进教师（学生）参与课程思政的积极性和创造活力。另外，要将教师参与课程思政教学改革的情况作为教师评教、评优奖励、职务（职称）评聘的重要指标内容，进一步形成全员育人有效机制。

（三）结合中职信息技术课程的特点及内容，挖掘思政元素

没有合适的思政元素，"课程思政"就会成为无源之水，无本之木。因此中职信息技术课程思政要建设好就必须结合课程特点和内容，深度挖掘课程中的思政内容，找准思政切入点。以中职信息技术的基础模块为例，如在"认识信息技术与信息社会"内容的教学中，在了解信息技术的发展历程、应用前景和比尔·盖茨、马云、李彦宏、柳传志等领军人物的同时引导学生树立远大理想；在信息技术应用过程中理解个人与社会的关系，履行数字公民的责任与义务；在"传谣与辟谣"的信息活动中坚持正确的政治方向，使用正确的方法自觉践行社会主义核心价值观。而在

"程序设计入门"的教学中引出软件发展对国力的重要性，从中美贸易摩擦中的"中国芯"引导学生担当起科学报国的使命；通过学习标识符的命名规则，引导学生做人做事需要遵守规则，教育学生遵守学校各项规章制度和国家法律法规，做一个守法的好公民；通过数据的溢出培养学生做事要有度，即情感、情绪、理智处在平衡状态，不要过犹不及；通过代码的编写练习，让学生养成一丝不苟、精益求精的好习惯。在"网络应用与信息安全"的理论教学中，通过经典案例的分析来向学生传达正确学习和运用网络安全和防御技术，严格规范自己的网络行为，维护好个人、企业、组织、国家的信息安全，积极构建网络安全的思想。在"人工智能初步"的教学中，教师可通过案例分析、技术展示、项目设计等方式，展示智能机器人的开发、智能家居、智慧校园、智能物流、智慧交通等典型应用案例，引导学生拓展思维，勇于创新，学会学习。

而在"图文编辑""数据处理"和"数字媒体技术应用"这些内容的教学中，遴选的案例与素材，除了"家国情怀、法治文明、诚信友善"等公共思政的融入外，还要本着公共基础课服务于专业的原则，从讲解范例、处理对象、教师示范、案例分析等角度寻找思政内容和课程内容、专业最有效的结合点，提升学生专业认同感和职业素养，培养创新能力。例如段落排版，学前教育专业选择的范例是"陶行知四颗糖的故事"，电子商务专业选择的范例是"从刘关张到唐僧团队的案例分析"；统计的数据学前教育专业选择的范例是"潮州市教育发展的相关统计报表"，电子商务专业选择的范例是"2019年双十一各行业销售报表"；编辑的音频视频学前专业选择的范例是习总书记关于教育的重要讲话，电子商务专业选择的范例是马云关于电子商务的演讲等。

三、结束语

"课程思政"是落实立德树人根本任务的一种新尝试，中职信息技术思政建设还处在探索期，需要我们不断研究与思考。本文通过在信息技术课程中加入课程思政，以期为其他课程提供一些思政思路。当然不同课程

上篇 理论研究

有不同的特色及思政元素，需要我们教师主动增强育人意识与提升育人能力，不断在教学目标、教学内容、教学方式和评价机制等方面探索、实践和创新，在潜移默化中对学生进行思政教育和熏陶，引导其塑造健康人格，助推德技并修人才培养。

参考文献：

［1］范芹.大学生思想政治教育协同育人机制研究［J］.天津工业大学，2017（10）：1—61.

［2］冯志红，王春娴，李凤荣."C语言程序设计"课程中思政教育的研究与实践［J］.教育现代化，2019（45）：179—181.

［3］岳玮.立德树人背景下课程思政在高职院校计算机应用基础课程的新探索［J］.教育前沿，2019（9）：444.

［4］耿丽娟."课程思政"在计算机应用基础课程中的探索［J］.通讯世界，2019（8）：347—348.

欠发达地区中职计算机教学现状分析及对策探讨

近年来，IT行业人才需求缺口很大，但同时每年又有大量的计算机相关专业的毕业生找不到工作。其原因是专业方向、课程设置、学生能力等各方面不能满足市场要求，这些教学问题，在欠发达地区中职学校尤为突出。在本文中，笔者试图对当前欠发达地区中职学校计算机教学现状进行分析，并探讨相关的对策。

一、欠发达地区中职计算机教学现状分析

（一）生源不优

欠发达地区中职学校的生源基本都是本地区的初中毕业生。由于普通高中的扩招，中职学校的入学门槛都很低，许多学生文化课基础相对较差，学习兴趣、主动性和积极性也不高。另外，大部分学生都是来自贫困农村，有些学生连学费都交不起，根本不可能买家用电脑，自然接触计算机的机会较少，对计算机的认知程度和操作技能也较低；而那些条件稍好一些的县城学生也多数只想着上网或玩游戏，学习目的不明确。基于这些客观条件的限制，中职计算机教学中存在很大困难。

（二）师资不强

欠发达地区中职学校计算机教师总体水平都不高。有些教师是半路出家，专业知识不系统，不深入；有些教师只是兼职的，责任心不强，师德

上篇 理论研究

不过关。另外，学校由于条件有限，教师外出学习提高的机会不多，在计算机知识更新速度飞快的今天，许多专业教师缺乏终身学习的良好习惯，知识储备显得陈旧、落后，甚至出现学生提的问题教师不会解答，对于某些操作学生比教师还熟练的情况。再者，很多专业教师很少甚至不曾走到生产实践中去，实际动手能力不高。这样的师资力量，教出来的学生自然就与实际脱节，与市场脱节。

（三）教学设施落后

欠发达地区中职学校由于经济拮据，设备更新缓慢，实习、实训设备少，甚至没有。学生学习计算机缺乏硬件设施，导致其所能接触和学习到的计算机知识十分落后；而且，实习时间少，实训机会不多甚至没有，导致学生动手能力差，最终结果就是欠发达地区中职学校培养的人才不能符合市场需求。

（四）培养方向模糊

很多欠发达地区中职学校之所以开设计算机专业可能是因为别的学校开设了，或者是因为计算机专业是热门专业，而自身缺乏对计算机专业的深入了解，盲目地套用发达地区优秀职校的专业方向、课程设置等，导致专业培养方向模糊。部分实训要求高的课程内容又由于条件限制，没法教学，致使毕业生与发达地区职校的毕业生有很大差距，自然在发达地区很难找到合适工作。另外，由于没有抓住当地需求去培养人才，与当地经济实体之间很少或没有建立起相互促进的良好机制，毕业生在当地就业也比较艰难。

二、提高欠发达地区计算机教学质量的对策探讨

（一）以"服务区域"为原则，确定人才培养目标

欠发达地区中职计算机专业应该以"服务区域"为原则，从当地的实际出发，客观分析其在本地区的地位和现有的办学条件、办学水平，坚持并体现地方特色，依据地区的中长期发展规划，寻求可扩展的服务领域，找准自己的合理位置，扮演好自己的角色，才能办出地方性中职计算机教

育的区域特色、人才特色。要重视培养创业型人才，以使毕业生真正能够掌握一技之长，并扎根本地区就业，彻底走出长期以来"经济落后地区职教育人不为家乡服务"的怪圈。因此，我校计算机专业定位为潮汕地区计算机相关岗位人才培养专业。作为中职学校，我们开办这一专业的宗旨，主要是为潮汕地区特别是农村地区培养计算机技术应用型人才。结合我校的计算机专业特点，我们制定和修订了计算机专业人才的培养目标，新制定的培养目标与上述培养目标基本是一致的：培养具有可从事办公自动化管理和操作、计算机装配与维护、网页设计、平面广告设计、计算机辅助设计等工作岗位的专业能力与职业素质的人才。

（二）突出"实用"原则，积极改革课程与内容

针对学生基础差、动手操作能力低、学习主动性与积极性不高等情况，欠发达地区学校计算机专业应根据培养方向、办学条件及学生特点，积极对某些课程与内容做必要的改革，突出"实用"的原则。首先在课程设计上要摒弃那些理论性太强的课程，重点开设实用性和操作性强的课程，如"网页制作""软件应用（Photoshop、AutoCAD、3DMAX）""计算机组装与维修""多媒体作品创作与制作"等。其次在教学内容上要注重实用性。如学生学了"多媒体作品创作与制作"，就要求会录制民间乐队演奏的《潮州大锣鼓》等。因此在教学内容上要坚持"实用"的原则，重点培养学生的实际动手能力。

（三）以"共赢"为原则，创新"校企合作、工学结合"的教学模式

"实验—实习—实训"是计算机专业人才培养过程中重要的实践环节，是理论联系实际，获得实际工作知识和技能的重要途径，它关系到学生实践专业能力和职业综合素质的培养，因此，完善的实验设备、稳定的实习、实训基地是计算机教学的质量保证。欠发达地区中职学校，在师资力量、实验设备与实训基地等教学资源严重不足而又没有资金投入建设的情况下，应以创新、开放的理念，主动融入行业及地方经济建设，开展"校企合作、工学结合"的教学模式。下面笔者结合本校的实际情况，谈谈创新"校企合作、工学结合"教学模式的一些做法。

上篇 理论研究

1. "校中厂"式

为了强化职业教育服务于社会、服务于区域经济的意识，也为了让学生能边学习专业理论，边进行真实环境下的技能训练和实习。我校成立了以电脑组教师、部分应聘学生和饶平县绿野电脑共同组成的"校中厂"——实训中心。实训中心的主要部门有维修部、培训部和业务部，各部门都由教师、学生和企业的员工共同组成，其中维修部主要负责学校的电脑室、各办公室、教师宿舍和对外业务中的计算机及网络维护工作；培训部主要负责学校电脑室课余时间开放期间的学习指导和对外培训业务时的教学与指导工作；而业务部则是面对当地政府部门和企业的员工计算机培训业务、电脑室或局域网的安装与维护业务等的联系工作。几年来，实训中心承担了本校的计算机与网络维护、县税务系统培训、县电力局员工培训、县中小学教师及公务员"计算机基础"培训、"计算机网络应用"培训等工作业务，效果显著。这种"校中厂"的模式既解决了企业的场地、员工等资源不足的问题，又为学校增加了可观的经济收入，同时提高了学生及教师的专业技能和实际工作能力，实现了"共赢"。

2. "半工半读"式

让学生提早进入社会，了解、熟悉并逐渐适应社会环境，这对学生的培养是很重要的，对学生未来的择业和社会的用人都是有利的。学校可在恰当的时间安排学生工学结合，"半工半读"。如让学生参加"三下乡"活动，到农村帮助农村学校、村民维修电脑或普及电脑基本知识；到电脑专卖与维修店实习、到计算机相关企业实训等。

3. 勤工俭学式

学校应该给学生推荐与计算机专业相关的短期勤工俭学的岗位，让学生获得更多实践锻炼的机会。我校近年来，立足本地区经济形势，组织计算机专业学生参加县公安系统的公民资料录入、县电力局的用电户信息录入、县自来水公司的自来水用户信息录入等，并与县电信部门、县蓝天电脑、县耕耘电脑公司、县拓智科教设备厂、潮州市智信科技有限公司、深圳市神舟电脑有限公司等企业建立了长期的合作关系。正因为与各企业良好合作，解决了学校部分教学设施不足的困难，学生的专业技能得到较大的提高，部分贫困学生的经济困难还得到了解决，同时，也为教师提供了联系实际，改进教学的好机会，促使其教育教学水平的提高。另外，企业也能通过这种方式招聘到我校该专业的优秀人才。

"校企合作、工学结合"的形式很多，中职学校应根据实际，积极探索，让这种教学模式为学校和企业双方创造更多的经济效益与社会效益，为学生及教师综合素质的提高提供更好的"练兵场"。

当然，要解决欠发达地区中职计算机教学中的问题，仅凭以上对策还远远不够。但笔者坚信，只要看清现状，认识存在的问题，积极面对，努力探索教学改革新思路，任何困难与问题都能够解决。

参考文献：

［1］喻朝林. 中职计算机专业教育现状分析与发展对策［J］. 西北职教，2009（3）：41—42.

［2］童如山. 构建"以就业为导向，以能力为本位"的技能培养模式［J］. 职业教育研究，2008（9）：121—122.

欠发达地区中职教师专业发展现状、问题及对策探析

近年来，随着职业教育的快速发展和教育改革的不断深入，中职教师在教育理念、知识结构、实践能力等方面都面临严峻挑战，加强中职教师专业发展已日趋成为人们关注的焦点和当代教育改革的中心主题之一。而欠发达地区由于历史发展和地理位置等因素，社会经济发展滞后，职业学校办学条件以及社会对中职教育的认识仍然相当落后，导致中职教师原有的专业素养不高，后劲发展不足，严重制约着欠发达地区职业教育发展的步伐与质量。因此，欠发达地区中职教师专业发展现状更是值得我们探讨的问题，如何促进教师专业发展，是我们面临的一项刻不容缓的艰巨任务，它决定着欠发达地区在中职教育发展与改革中的沉浮。

一、欠发达地区中职教师专业发展的现状和问题分析

欠发达地区经济落后，对外交流少，职业教育专业化不够，教师专业素养不高，专业培养不够。为了更清晰地了解我县中职教师的专业发展现状，为了探寻如我县这样的欠发达地区的中职教师专业发展的对策和有效途径，我们对我县4所中职学校的教师进行了问卷调查和访谈研究。发放问卷200份，回收164份，主要从基本信息、专业理念与师德、专业知识、专业能力和专业发展五个方面进行了解。调查发现，在信息化时代，欠发达地区中职教师的专业发展情况不容乐观，其滞后性在专业发展意识、专

业知识和专业能力等方面体现得特别突出。

（一）专业发展意识淡薄

欠发达地区的中职教师由于受环境所限，在专业发展方面，大多对自己的要求不高，追求自我发展的意识不强，缺少个人主动的专业成长计划和行动，主要表现在以下几个方面。

第一，专业理念落后，缺少对外交流，缺少目标指引。由于经济落后，中职学校开放性不够，缺少交流，大部分教师对教师这一职业特别是中职教师的专业性和独特性的理解和认识不深刻，对国家、地方职业教育发展规划缺少了解，对职教政策信息的了解方式也很单一。而且因为落后都或多或少有自卑心理，对于国家、省级举办的比赛根本不知道或没有自信参加，因此也失去了很多对外学习的机会。很多教师甚至不知道有"教师专业发展"这一名词，专业理念更新慢，学校对教师的专业发展也没有明确的要求，相当一部分教师缺少对专业专长的思考，没有明确的发展目标。在调查中我们发现对于2013年9月20日教育部正式印发的《中等职业学校教师专业标准（试行）》竟只有不到10%的人知道，一半以上的教师对自己的职业生涯没有规划。

第二，注重职称评定与专业技能证书的考取，轻视专业能力的提高。教师的职称评定和专业技能达标情况是各教育行政部门对学校评价与学科建设考核的重要量化指标，如国级、省级重点职校的评估，省级重点专业的评审等，都对教师职称的数量比例、不同职称的教师是否具有专业技能等级证书有明确的要求。因此，学校对教师的职称评定和教师专业技能等级证书的考取都非常重视，而且教师的职称跟工资直接挂钩，教师能明显地看到眼前和长远利益。许多教师的发展目标就是职称评定目标，从初级职称到中级职称再到高级职称，按职称评聘的条件努力，这样没有了新的职称目标，个人就失去了努力的方向，因此评上高级职称的教师，其专业发展也就停滞下来，不再搞教学研究，不再搞教改实践等。

第三，教师只是局限于教课，忽视了与学生所学专业、授课专业相关的行业（企业）的联系，忽视学生的能力培养。教师上课的数量与绩效

上篇 理论研究

工资有直接关系，而且也与学校对教师的年度聘任直接挂钩，很多教师对教学的理解只局限于教课，满足于完成上课任务。比如公共课的教师极少考虑为学生所学的专业服务，极少考虑面向不同专业的学生是否要增删教学内容，是否需要采用不同的教学方式。相同的知识点，不管是面对什么专业的学生，同一教师教授都是"同一版本"；专业课的教师对企业（行业）联系缺乏热情，绝大多数教师没有主动下企业锻炼、服务企业的意识。另外，教师重视课堂教课，缺少课下交流；重视上课，轻视研究；重视传授学生知识，忽视学生能力特别是可持续发展综合能力的培养。在课堂上，学生玩手机、听MP3、睡大觉、大声说话，教师却不管不问。在教师的潜意识里，自己只是教课，其他的不属于职责范围。

（二）专业知识匮乏

以专业的眼光审视，教师应具备的专业知识至少有三个方面：普通文化知识、任教学科知识和教育科学知识。在职业教育新课程改革要求下，知识的沟通和融合更是必不可少。然而，从调查情况看，80.5%的教师来自师范类毕业生，17%的教师是非师范类毕业的，而且都是非常年轻的教师，还有2.5%的教师是从企事业单位外聘来的。大部分教师都是从学校走向学校，在从事职业教育前都没有一线生产实践工作经验，这样的教师具有较强的、系统的学科知识，但对企业的生产工艺等方面的知识严重缺乏。非师范类毕业生和从企事业单位来的教师又相当缺乏教育科学知识。且大部分教师的学历层次不高，又缺乏内在提升动力，对于学科知识新发展"充电"较少，对于教育科学新动态较少关注，对于知识缺少沟通和融合，专业知识相当匮乏。

（三）专业能力有待进一步提高

中职学校要实现与企业"零距离"对接，培养适应企业（行业）的技术人才，中职学校的"教学体系"必须由"学科体系"向"就业导向"转化。这样，教师的专业教育教学能力、反思能力和科研能力等不足的问题就更凸显出来。

第一，专业实践动手能力不强，缺乏生产一线的实践经验，教学方法陈旧，教学手段落后，教学模式单一。在调查中，我们发现，全县具有"双师型"教师资格的教师不到30人，这在一定程度上反映出教师实践能力相对低下的现实问题。

第二，专业研究不足。大部分教师不了解学科专业的前沿领域，未掌握企业新技术的进展情况，课程开发能力弱，很难根据企业需要将新知识、新技术融入教学中；不少教师科研意识较弱、科研能力较差，对工作的探究和反思能力不强，仅限于学期的一篇教学总结或教学论文，且流于形式，质量低下，缺乏理论指导，教学论文的写作也是敷衍了事。

二、促进欠发达地区中职教师专业发展的有效对策和现实措施

从现实和调查来看，欠发达地区教师专业发展的问题是很多的，原因是复杂的，既有地方的社会因素，也有学校的制度管理因素，还有教师生理心理发展的制约因素等。因此营造成长发展氛围，改变教师的心态，将外因作用于教师专业发展的内因，让教师明白专业学习的必要，尝到专业成长的快乐，才是帮助教师专业发展的关键。由此，提出以下对策。

（一）学习专业标准，提高教师专业发展认识

2013年9月20日，教育部正式印发的《中等职业学校教师专业标准（试行）》是继2012年印发的《幼儿园教师专业标准（试行）》《小学教师专业标准（试行）》和《中学教师专业标准（试行）》之后，教育部印发的第四个教师专业标准。它指明了中职学校教师队伍专业化建设的方向，也为中职学校教师发展和队伍建设提供了重要依据。欠发达地区的中职学校要改变学校发展"建大楼而不育名师"的现象，建立以人为核心，依靠教师办学的理念，把促进教师专业发展摆在突出的位置。中职教师更要积极学习专业标准，充分认识到自己所从事的职业技术教育工作的特征，要与普通教育区别开来。除了要强化对职业教育理论的学习和对职业教育特征和规律的认识外，还应当注重实践，要有目的地参与企业的实践，始终保持与企业最新职业情境的紧密接触。要切合学生的专业特点，

上篇 理论研究

在实践中不断更新教学理念，更新教育教学知识的积累，包括对教材对知识的梳理和融合，尽可能使自己的教学贴合当前市场需求。要树立勇于创新、终身学习的思想，做好个人职业规划，始终保持对职教理论最新发展的跟踪学习，始终保持对教学实践的最新改革。

（二）完善教师培训，精心建造教师专业发展的助推器

与发达地区相比，欠发达地区的中职学校办学资金缺乏，地方企业普遍偏小，与中职学校的产教研融合热情也不高，因此，校本教师培训是欠发达地区中职教师专业发展更好的途径。

第一，实施教师培训学分制，将校本培训常态化。

首先设立专门的校本培训部门，制订专门的管理方案，对不同年龄阶段的教师做出培训计划，要求每位教师每年修得一定的学分。学校可以根据培训的级别赋予分值（国家级、省级、市级、县级、校级分值各不相同），教师根据职称制定学分目标（高级、一级、二级、见习学分也不等），学校保证校本培训次数和课时数。内容多面化，包含教师专业知识和专业技能培训、校本教育观念培训和师德培训；模式化多样化，如案例教学式、现场诊断式、专题讲座式、情景体验式及研训互动式等。培训指导可请外面的教师专家或企业优秀人才来指点迷津，也可由本校领导或不同学科的优秀教师现身说法；既在学校内部进行，也要进行校际合作。实施教师培训"四挂钩"，即与年度考核、评优评先、教师聘任和绩效工资挂钩，每学期或每年召开一次校本培训工作总结表彰会，对校本培训成绩突出者给予奖励。总之，校本培训要以制度的形式常态化，以教师为主体、以问题为导向、以反思为中介把培训与实践结合起来，直接推动教师专业的自主发展。

第二，加强校本教研，培养青年骨干和学科专家。

教师成长离不开自身反思能力的提高和专家的引领。欠发达地区要培养自己的专家，充分发挥专家、骨干的作用，提高反思能力，可以从抓好三个"三"入手，即"三种课型""三级课题""三项工程"。"三种课型"即青年教师竞赛课、骨干教师观摩课、新课程研讨课。"三级课题"即"全民"参与的省市县级课题、校级课题、个人小课题，通过课题研究，提高教师的反思能力、研究实践能力。还可以组织课题主研教师进行校级、县级公开答辩，在教师中起到激励、推介和引领作用。"三项工程"即换血工程、双师工程、名师工程，三项工程针对不同教师对专业的不同需求。"换血工程"主要是面向中老年教师，重在理论知识的学习和观念更新，即教学创新培训；"双师工程"是面向中青年教师，动员具有"双师"资质的教师"带徒弟""结对子"，培养新人；要求每位专业课教师积极参加对口专业的技能鉴定，争取在较短时间内获得双师教师资格。"名师工程"主要是面向骨干教师，指导其向教科研型发展，即教科研培训，以后将根据教师的发展情况逐步使一部分教师向专家型、学者型过渡。

除了以教研培养青年骨干外，我们还要选拔青年骨干教师为各学科组长，优先承担各类教学任务，并提供外出学习的机会，有效提升学科组长们的专业引领水平，让学科组长的成长成为青年教师成长的榜样。

（三）改革激励评价机制，创设氛围，努力提升教师专业发展的内驱力

良好的氛围和高涨的积极性是促进教师专业发展的重要条件，教育主管部门和学校必须在这两方面下足功夫。一是氛围的创设，要采取有效的措施，积极开展丰富多彩的教育科研活动，如在教师编制允许的情况下组织教师外出学习考察或参加各种学术研讨会，请专家来校开设讲座、指导教师开展科研等，通过活动促成良好科研风气的形成。二是建立物质与精神奖励的激励机制，完善考核评价体系，对教师的教育科研成果给予精神上的表彰与物质上的奖励。同时要把教师的专业发展与职务评聘、评优、晋升、年度工作考核等联系起来，这样才能提升欠发达地区中职教师专业发展的内驱力，从教师个体被动的专业发展到教师个体主动的专业发展，再从教师个体主动的专业发展到教师群体共同的专业发展。

总之，欠发达地区中职教师的专业发展是教育改革和发展的必然要求。我们应围绕教师专业发展这个主旨，以学校为基地，以教师为主体，以学习为主线，以合作反思为途径，以教育实践为载体，以制度做支撑，

上篇 理论研究

一方面使教师个人呈现为"自我设计—自我完善—自我超越"的专业发展轨迹；另一方面使学校呈现"树立先进的学习理念—形成学习型团队—构建学习型组织"的管理策略与方式，引领我们走向更高更远的发展之途。

参考文献：

[1]邱春丽.职教教师专业化培养策略初探［J］.中国教师，2009（14）：5—6.

[2]黄杜鹃.我国职业教师培训的现状与需求述评［J］.中国教育与社会科学，2009（3）：3—40.

让信息技术教学充满智慧

"学生不是器具，等待教师去填满，而是可以燃烧的煤，有待教师去点燃。"这个点亮的过程就需要教师发挥"教学智慧"，而这种"教学智慧"是值得教师一生追求的专业境界。从事中职信息技术教学19年，我渴望成为一名富有智慧的老师，为学生的智慧人生奠基，让学生充满智慧而富有创造力。为此，教师智慧地教和学生智慧地学是我一直的追求，我在教学中研究学生，在探索中感悟课堂，在实践中反思，在思考中生长智慧。

"教学智慧"主要从教师的课堂行为彰显出来，多年来，笔者主要以教学情境的创设、预设与生成的动态把握、课尾艺术的雕琢作为自己课堂实践的三大支撑点。

一、智慧始于多元的教学情境创设

建构主义学习理念认为，学习总是与一定的情境相联系的，一个优化的、充满情感和智慧的教学情境，是激励学生主动学习的前提。在教学上，笔者重视智慧地创设多元的教学情境，让课堂教学的效果增值。比如在上县级示范课"设置动画效果"时，我借鉴"超级马里奥"游戏情节：马里奥出现—马里奥撞石头、石头上生出蘑菇—马里奥跳上石头、吃蘑菇—马里奥变大、蘑菇消失，将PPT动画设置中进入、强调、退出、动作路径四种动画方式全部融入游戏的情境设计中进行教学。最后让学生自选游戏场景，利用动画效果设计游戏情节，如吃蘑菇变大、踢乌龟变小等，

上篇 理论研究

课程末尾学生作品展示个性纷呈，在30多位听课教师中产生了极好的反响，他们一致认为我创设的游戏情境激发出学生强烈的求知欲，学生在玩中学，学中玩，学得有趣，学得愉快，学得主动，学得深刻。再如上校级公开课"图形图像的加工"时，我说："人生就像一辆疾驰的列车，职高三年，你有什么梦想与计划？如何去实现它？"在引发学生思考的同时，打开事先准备好的"人生列车"效果图（见图1），并对它进行了意义的阐述，成功导入新课，激发学生的学习兴趣。在"整装待发、艰难跋涉、幸福驿站、人生誓言"四个任务的完成过程中将本次课图像的选择、变换、旋转、文字处理等知识点逐个击破，同时在"幸福驿站"制作中通过红心代表对职业的热爱对同学的友爱、房子代表班集体、荣誉勋章代表事业追求引导学生对正确人生观、价值观的认识。在执教《DHCP技术综合应用》一课时，我将学习引入到模拟企业项目实施的过程中，教师是企业老总，学生则以网络工程师的身份去解决网络故障，要求学生小组网络实验后提出解决方案，通过竞标的方式评出最佳投标方案。这样"生活化"的问题情境，让学生学得真实，学得生动。

"人生列车"作品分析（见图1）：

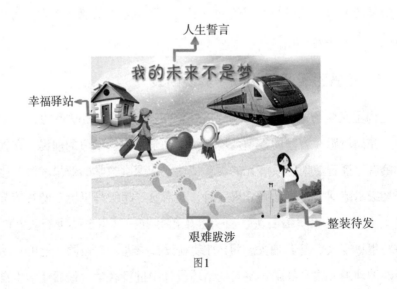

图1

通过大量的教学实践笔者也发现，创设情境不难，难的是如何让这情境引起学生学习兴趣，带动他们学习。不同的课需要不同的情境创设方法，因而教师要发挥"教学智慧"，在充分了解学生的前提下采用游戏情境、问题情境、故事情境、角色情境等营造气氛，铺垫学习。

二、智慧在"预设"与"生成"的动态把握中和谐生成

好文章的主体充实丰富。一节好课，教师要巧用技巧，灵活应变，"预设"中有"生成"，就能使课堂教学锦上添花。

作为一名中职信息技术教师，《VB程序设计》中的"赋值语句之数据交换"我不知教过多少遍，但2012年那一次的常态课却给我带来了很大触动，一直引以为豪地借助"清水"与"茶水"两杯液体互换来模拟数据交换的形象类比却出状况了。

当我自信满满提问学生："这两杯液体怎么进行交换呀？"（见图2）

图2

本以为学生会回答用一个新的"空杯"，没想到学生却捣蛋地说："用嘴巴先含着。"

多年的教学经验以及丰富的名师课例阅历让我当时就觉得这是一个机会，于是我说："你的发言中有闪光点，但我觉得有点小问题。要不，我们大家一起来探讨下？"

生1："两杯不同的水要交换，不就需要一个中间容器吗。"

上篇 理论研究

生2："嘴巴也可算是中间容器，我觉得用嘴含着也行，但当水太多时你含得了吗?"

生3："我知道，这就好比两个数据如果都是长整形，中间变量就不能用整形，要不就溢出了。"

生4："看看讲台上那个果蔬滴水篮（见图3），作为中间容器够大吧，但它不能装水呀，类型不一致。"

图3

生5："对对，如果同样是杯子但太小了也不行，比如工夫茶茶杯就太小了，那么当杯子里的水比较多时，嘴巴当然就不行了。"

生6："如果两个交换的数据不是普通的数值类型，而是图片呢，比如，我们平时玩的拼图游戏，该怎么办?"

…………

我没想到课堂生成的这一问题能引起这样深层次的辩论。这些争辩和分析，不仅展现了学生的学习智慧，也让我明白了一个道理：当课堂教学不再按照教学预设展开时，教师要善于把握动态的信息课堂，以学生发展为本，利用课堂中生成的、鲜活的教学资源，促进学生知识的掌握和智慧的生成。这节课正是因为抓住了偶发事件中学生的兴奋点，适时引导点拨，把学生的思维调动起来，课堂上才碰撞出智慧的火花。后来我就一直利用一系列不同大小的杯子和不同形状的蔬菜水果滴水篮来解释数据类型的不同，这也一直成为展示课同行夸奖的亮点。

信息技术课堂教学是一个多变的、复杂的动态系统，学生的一个代码符号输错都会导致课堂出现"意外"。我的做法是，坚持"以学生为本"的原则，设身处地去考虑学生的发展与需求，在课堂的生成点上多备预设方案，给生成留足空间。当面对非预设性的"意外"时，顺应学情，借机施教，引导学生去质疑、探疑和解疑，深化生成。实践证明，这种课堂的教学效果，远比逼着学生按教师"预设"的教学思路去学习更实在，更有效。课堂教学不能没有预设，但课堂教学也需要有生成，正确把握好两者的关系，让学生学习智慧充分展现，教师教学智慧充分发挥，两者互相碰撞才能成就真正精彩的课堂。

三、智慧在精彩的课尾艺术中升华

俗话说："编筐编篓，全在收口。"这收口也是一种"教学智慧"的体现。如何上好一节课最后的几分钟，让学生的学习取得更上一层楼的效果？在我看来，教师应不失时机地向学生提出一些符合其认知水平、能引起他们思考并同时具有知识性、趣味性的问题，才能促进学生积极思考。让学生带着思考下课，带着美感走出课堂，带着期待迎接下一课的到来。我在执教《有趣的补间形状动画》一课时，在学生作品展示及分享创作意图和感想后，课堂开始松懈下来，我播放了自己多加了旁白和配音的《看我七十二变》作品。学生一下子被吸引住了，瞪大了眼睛问怎么做到的。我故意卖关子，让学生产生一种悬念，预留思考余地，也为下一堂课的学习埋下伏笔。此外，我也曾借助过思维导图进行图示结尾，通过图示梳理知识，由点到面进行系统化，让学生对所学的内容"豁然开朗"；也借助过微信、学习网站平台等信息化手段引导学生把视点由课内向课外延伸，拓展自主学习的时空，让课堂达到"尾已收而思未止，铃虽响而意犹存"的教学效果。

我的感悟是：好的结课是一种美的享受，绝不是教师随便"灵机一动"就能达到，需要教师具备课尾艺术设计意识，挖掘教材内涵，对课尾进行精心构思。课尾处理得好，能无形中制造一个新的课堂高潮，把学生推向一个新的境界，让学生的思维得到进一步的升华。

上篇 理论研究

反思一直以来的教学实践，每一节课都会有遗憾有不足，但正是这些遗憾或不足才让我的课堂更有深度和张力。我想：一个充满智慧的老师，应充分了解学生的知识与智慧，要对学生有足够的信任，要懂得适时放手，懂得"留白"，为学生腾出更大的自主学习空间。这个教学智慧即是需要我们为之奋斗一生的教学境界。

参考文献：

［1］牟艳娜，李冬梅.追求信息技术教学的最高境界［J］.中小学信息技术教育，2013（2）：2.

［2］朱德江.追寻充满智慧的数学教学［J］.黑龙江教育（小学文选），2006（3）：9—12.

基于计算思维的高中信息技术
教学设计实践研究

——以《用穷举法设计程序》为例

2018年1月，教育部印发《普通高中信息技术课程标准（2017年版）》，将"信息意识、计算思维、数字化学习与创新、信息社会责任"等四大学科核心素养明确为高中信息技术课程的培养目标。其中"计算思维"直面学科特性，为重新审视信息技术学科所蕴含的思想与方法带来了全新的角度，而培养学生的计算思维也将成为高中信息技术学科教学的关注热点。笔者作为一线教师将结合自己的教学实践，分别从教学目标、活动设计、教学资源和教学评价四个方面谈谈对计算思维的培养。

一、确定发展学生计算思维的教学目标并选择合适的项目

计算思维是采用计算方式界定问题，运用合理的算法形式解决问题的方案，并迁移到与之相关的其他问题解决过程中产生的一系列思维活动。正如李锋博士所总结的，我们的培养目标既有形象化到模型化的问题建构，又有从自动化到系统化具体实现与延拓。然而，当前高中信息技术教学大多重视技术素养的培养，对学生学科思维方面的训练还是研究不够，实践太少。因此，要改变以往教学的思路和方法，教师在实施教学的过程中，必须将计算思维的培养明确到教学目标中，因为教学目标在教学活动

上篇 理论研究

中处于核心位置，是教学的灵魂，围绕着教学目标，才能顺利有效地开展教学活动和评价。

我们以广东教育出版社选修部分《算法与程序设计》中的第四章第二节"用穷举法设计程序"为例，笔者将穷举法教学目标确定为：

（1）了解穷举法的基本概念和思想；

（2）能用穷举法对具体问题进行分析及算法设计；

（3）能根据具体问题的条件，进行算法优化。穷举法的基本思路可以归纳为八个字：一一列举，逐个检验。

在实际使用中，"一一列举"采用循环语句来实现；"逐个检验"采用选择语句来实现。关于编程实现穷举法，根据穷举法的原理和计算思维处理问题的本质，可以将问题分解为三个子目标。

（1）如何确定枚举对象和枚举范围，做到不能遗漏，也要避免重复；

（2）如何确定判断条件，逐一验证每个解是不是正确的解；

（3）如何使可能解的范围降至最小，以便提高解决问题的效率。

通过以上三个子目标的解决引导学生建构正确的数学模型，确定穷举方案，也是本节课需要突破的重难点。

这样将复杂的算法思想和解决问题的过程分解为若干个子问题、子目标的教学思路同样可以应用到其他经典算法的教学当中，学生在学习目标达成的过程中逐步提升计算思维的培养，体验算法的魅力，加深学习算法的欲望。

新课标倡导项目教学，而在实现教学目标的项目选择方面，由于教材中是用一个比较复杂的"栽树数量问题"做引入，学生学习积极性不高，且由于例子对数学方面的要求较高，分析过程较复杂，难以达到预期的效果。因此笔者选择了学生感兴趣的综艺节目《奔跑吧，兄弟》创设情境，将"密码破译""百钱百鸡""水仙花数""谁是案犯"等经典问题融入挑战游戏项目活动中，按照"具体—抽象—具体"设计思路，引导学生分析找出规律，抽象巩固，让学生在经历问题解决的过程中体会穷举法的基本思想和程序实现。

二、设计培养学生计算思维的活动任务并选择有效的教学模式

（一）导入新课环节的任务设置

在生活和学习中，人们经常会不经意间运用"穷举法"的基本原理进行问题的解决。比如，让你用一串钥匙去开一把锁，但是不知道具体是哪把钥匙，你就会一把一把地逐个尝试，直至打开锁为止。本节课，笔者设计的导入环节如下。

【情境】（播放教师课前自制的动画）《奔跑吧，兄弟》节目组向全班发出邀请，以4人为一小组自行组队参赛，按要求顺序完成4个任务，哪个小组最先完成任务即获胜。现在所有的任务要求都在一个加密的文件中，文件密码是1位小写字母，请你尽快破解密码，拿到任务卡奔跑吧。

【教师活动】给学生课前准备有密码的压缩文件，请同学们使用各种方法尝试能不能打开文件，要求同学们在1分钟内解开密码。

【学生活动】尝试解开密码，并说出解开密码的过程（重点描述思考过程）。

【教师引导】各位同学尝试解开密码的过程就是穷举法。

（板书）

穷举法

解的范围：a到z共26个

【思维拓展】如果这个密码是个四位数字呢？

（板书）

解的范围：0000到9999共10000种可能

笔者通过一个简单的、十分常见的小任务引入穷举法的主题，让学生体会算法并不抽象，使其更有亲切感，并亲历穷举法解决问题的基本思路：第一步，根据问题的要求，把所有可能的情况都考虑到；第二步，对

上篇 理论研究

全部可能的结果（密码）逐一进行判断，过滤掉不符合要求的，直至找到正确的结果（密码）。利用"思维拓展"的设置让学生体会到人工穷举的局限性，发挥计算机解决问题的优势，引发学生思考生活中的例子用计算机编程解决的必要性和意义。

（二）项目（主题）活动中任务的设置

在穷举法教学中，采用一个项目（主题）活动贯穿整个教学过程，按照教学目标设计阶梯化任务，引导学生由简单的问题不断思考，建构出相应模型，并在不断使用同一种解题思路解决问题的过程中，学生能力将呈螺旋式上升，有助于锻炼学生的思维。笔者在这一环节设计了基于《奔跑吧，兄弟》这一项目（主题）下的这些活动任务设置。

任务一：穷举方案的设计及程序实现

【情境】某游戏拿到的第一个任务是用银行卡到最近的柜员机提取100元，但拿到的银行卡密码纸条已破损，个位数和百位数已经模糊不清，只能看到的六位数是159□4□，不过纸条上还提示这个密码六位数能被88整除。

【学生活动】小组合作，讨论、制订解决方案。

【教师引导】从以下两个方面去思考并制订方案。

（1）先罗列（范围）：

把各种可能的情况都考虑到，确定密码列举的范围。

（2）后筛选（条件）：

对全部可能结果逐一进行判断，确定筛选条件。

【学生活动】小组讨论分析问题、完成穷举法程序代码解决问题。

笔者通过思维引导策略有目的性地将计算思维渗透到任务的设置中，启发学生对抽象的概念进行数学建模，并用循环结构和选择结构进行实现。培养界定问题、抽象特征、建构模型、确定算法的计算思维。以下是在实际的教学过程中，大多数学生出现的问题分析过程，也在笔者的预计之中。

① 问题分析

先罗列范围：这个6位数为159040～159949

后筛选条件：A. 这个6位数的十位是4；

B. 这个6位数能被88整除。

针对以上问题分析，笔者给出了以下部分关键代码，并留空，要求学生完成代码填空，加强学生读程序能力和基本语句应用能力。

② 程序实现：完善程序关键代码。

```
Dim n as integer; Dim i as integer
    'n表示6位整数，i表示十位上的数字
For n = _____ To _____
    i = n \ 10 Mod 10  '从6位数中分离出十位上的数
    If _____ Then
        Print n
    End If
Next n
```

学生经过个人思考、小组讨论，最后以小组讨论的形式给出整个方案，这一过程培养了学生合作探究能力和计算思维过程描述能力，让学生积极主动地参与到课堂中来。任务进行到这里并没有结束，笔者再次提出了新的拓展任务：在不遗漏任何一个正确解的前提下，如何缩小罗列的编码范围，从而达到循环结构循环次数减少的目的，来提高程序的执行效率，即实现程序最优化。

学生面临新的挑战，产生更强烈的思维碰撞，激发解决问题的兴趣，在教师引导、学生讨论的过程中逐步完成以下新方案，进一步提升计算思维：

① 问题分析　　6位数　　159m4n

先罗列范围：m为0～9，n也为0～9

后筛选条件：这个6位数能被88整除

② 程序实现：完善程序关键代码。

```
Dim i, j As Integer
    'i表示百位上的数字，j表示个位上的数字
Dim  n  as  integer   'n表示6位整数
For i = ____ To ____
    For j = ____ To ____
        n = 159000 + i * 100 + 40 + j
        If _____ Then
            Print n
        End If
    Next j
Next i
```

这一环节任务的设置让学生认识到穷举变量的选择对穷举法执行效率的影响，从而凸显计算思维对解决问题效率的重要性。培养学生多维度思考问题的习惯，提升计算思维的应用。最后笔者又设置了归纳总结和穷举法应用探讨的任务。

任务二：归纳总结

【情境】破译了银行卡密码后，游戏发出的第二个任务是小组讨论，完成下面表格内容（表1）。

表1

穷举法的三个关键设计是什么？			
"一一列举"怎样实现？			
"逐个检验"怎样实现？			
怎样优化穷举算法？			

【学生归纳】

（1）穷举法的三个关键设计：穷举变量及个数；各穷举变量的变化范围；满足问题解的条件。

（2）"一一列举"：用循环或循环嵌套语句实现；"逐个检验"：用If语句实现；优化穷举算法则要尽可能缩小搜索范围。

任务三：拓展延伸

【情境】《奔跑吧，兄弟》游戏发出的第三个任务是挑战以下问题，如果能正确判断以下问题能否用穷举法解决则通过初级挑战；如果能借助提供的拓展阅读材料完成下列问题的算法程序则通过高级挑战。

（1）用从银行柜员机取出的100元买100个小玩具，已知玩具公鸡每只5元，母鸡每只3元，小鸡1元3只，要求公鸡、母鸡、小鸡这三种玩具都要有。

（2）如果一个三位数等于它的每个数位上数字的立方和，如$153=1^3+5^3+3^3$，则我们称此数为"水仙花数"。求100~999之间的全部水仙花数。

（3）有6名犯罪嫌疑人A、B、C、D、E、F，已知如下事实：A、B至少有1人作案；A、E、F三人中至少有2人参与作案；A、D不可能是同案犯；B、C或同时作案，或与本案无关；C、D中有且仅有1人作案；如果D没有参与作案，则E也不可能参与作案。请推理出谁作了案。

【归纳总结】从问题解决过程中提取归纳穷举算法适用情况。

整个课堂教学中，学生经历了分析问题、建构数学模型、确定算法、编程实现算法的基本过程，并在两个穷举方案的制订过程中领会穷举算法解决问题的基本思路、算法优化和穷举算法的适用范围，在解决问题和完成任务中提升计算思维；教师通过组织学生讨论和归纳、思维启发等教学方式来培养学生的计算思维，从解决实际问题中亲历穷举算法的实现和知识的迁移，并且在最后设置了穷举算法的现实应用的探究，使算法的学习回归到生活中。

因此，在高中信息技术课堂中，教师可以采用项目（主题）的教学模式来引导学生学习，整个活动任务中情境的发展必须围绕着利用计算思维处理问题的思路而展开。学生在项目（主题）引导下进行探究，并且在任务完成时总结出知识规律、过程和方法，并将其迁移运用到其他实际问题中。

三、为计算思维的培养提供充分有效的教学资源

能否充分地、精心地做好课前教学资源的准备是有效培养学生计算思维的必要前提条件。教师可以通过流程图、程序代码、自主学习任务单、视频动画、测试题等资源形式，并利用蓝墨云班课、UMN等搭建互动学习平台。笔者在穷举法教学设计的时候，利用UMN在课前向学生发布了教学资源包，资源包包括穷举算法的介绍微课视频、穷举法设计程序导学案、程序半成品、拓展阅读材料等。通过这些资源，使学生课前对上文中提到的任务有充分的时间去思考和预习，课后对学习进行检验与补充拓展，为学生计算思维的培养和应用提供了载体。资源还包含了检测题目，如补充上文提到的拓展延伸环节中的思考题程序半成品等，目的是检测学生的知识迁移能力和灵活运用能力。另外，针对思维较强的学生提供一些高难度的问题，提升不同层次学生的思维敏捷性和独创性。

四、制订巩固学生计算思维的多元化教学评价方案

多元化评价，有利于学生学习信息多方位、多角度的交流，为教师做好课堂教学诊断和改进提供依据。多元评价，一方面可以是教师对学生的评价，综合利用好过程性评价和总结性评价，在《用穷举法设计程序》一课中，笔者根据学生在学习过程中的表现以及方案完成情况来评价学生计算思维解决问题的能力，由于学生基础整体较弱，在程序代码部分采用了留白填空来检测学生对穷举算法解决问题的达成度；另一方面借助导学案和评价表，完成学生自评和互评。笔者根据教学目标和计算思维培养目标设计了一份发展性评价表（见表2），学生在进行自评时，能清楚地知道自己掌握到什么水平，有利于教师完成教学设计的调整，进而再次强化学生的计算思维。

表2

水平等级	水平描述
水平一：初级	了解什么是穷举法，了解穷举法的基本思想，知道穷举法的三个关键设计
水平二：进阶	在教师的指导下能用穷举思想分析问题和解决问题，能读懂程序并完成程序填空
水平三：高级	举一反三，在解决实际问题时能独立抽象其模型，并用穷举法编程解决问题

计算思维是信息技术学科核心素养的根基，更是信息技术核心素养培养的着力点。如何将计算思维贯穿于教育教学的全过程，提升学生计算思维的意识和品质，将是今后学科研究的核心内容。笔者仅以《用穷举法设计程序》一课为例，将计算思维的培养渗透到课程教学设计中，尝试通过教师引导帮助学生定义问题、抽象特征、建构数学模型、设计合理算法的过程来形成解决问题的方案，并且在解决问题时总结出过程与方法，能够举一反三迁移到其他相关的问题解决之中，为学生核心素养的提升、解决问题能力的提高打下基础。

参考文献：

［1］赵倩倩.基于计算思维的高中信息技术课程有效教学策略探究——以"算法与程序设计"模块为例［J］.中国信息技术教育，2015（17）：140—141.

［2］任云.基于计算思维的高中信息技术课堂教学研究［J］.电脑知识与技术，2018（20）：101—102.

［3］周彩萍.基于核心素养的信息技术课程设计和开发研究［J］.新课程，2016（36）：362.

［4］蒋亚梅.计算思维及其在信息技术教学中的应用［J］.学子·教材教法研究，2017（19）：24.

上篇 理论研究

［5］李俊杰.高中信息技术课程教学中计算思维培养的策略探析［J］.中国信息技术教育，2014（24）：119.

［6］吴敏.浅议信息技术课程中高中生计算思维的培养［J］.中国信息技术教育，2014（22）：103.

浅析中职VB教学中案例的选取策略

在当前深化职业教育教学改革的大背景下，案例教学是一种开放式、互动式的新型教学方式。与传统的以教师为中心，粗暴进行"填鸭式"知识灌输教学方式相比，案例教学侧重强调教学过程中学生的充分参与和主体地位的实现，教师引导学生运用科学的理论知识，去分析、归纳、演绎、推理、总结、反思典型案例，提高学生分析问题和解决实际问题的能力，促使学生主动学习、自主学习、合作学习。VB作为中职学校计算机专业的必修课，因其操作性、实践性、应用性、直观性强（编程时采用图形用户界面开发环境），更适宜采用案例教学法。在案例教学中，教师首先需要有一个案例的准备和积累过程。如果说案例的分析是一个知识的解压过程，那么案例的准备是一个知识的压缩过程。虽然目前中职VB教材提供了一定数量的案例，然而在实际操作中却未必够用、实用，这就要求教师自己动手选取或编写案例。案例的选编工作是整个案例教学过程的序曲，是教学成功与否的关键。案例的选取或编写要遵循一定的规律和原则，笔者在多年的教学过程中，努力尝试自己动手选取和撰写案例，下面谈谈自己在这方面工作的策略。

一、要注重案例的趣味性

俗话说"兴趣是最好的老师"。有兴趣才有渴求，有渴求才会主动积极，教学中所选取的案例如果能引起学生的兴趣，学生就会对所学知识产生求知欲和渴求，从而提高对学习的积极性，积极主动地投入到课堂新知

上篇 理论研究

识的学习当中，成为学习的主动者，成为课堂的主人。例如，在讲解VB中的图形控件与时钟控件时，笔者引入了打靶游戏的案例，运行界面如图1所示，这个案例一呈现立即引起了学生极大的兴趣，大家积极进行讨论，连平时上课不怎么听讲的学生都参与了进来，在学生强烈好奇心的驱使下，教师很轻松地就引入了今天所要讲授的知识点，学生也怀着极大的热情参与教师的课堂教学。学生的兴趣被调动起来了，非常渴望学习，教学效果可想而知。

图1

要让学生对案例产生兴趣，应注重两个方面的问题。

（1）设计的案例难度相对于学生的认知水平应当适中，只有这样才能激发学生的学习动机。阿特金森的成就动机理论说过："学生只有在学习那些'半生不熟''似懂非懂''似会非会'的东西时才感兴趣而迫切希望掌握它"，因此设计案例前应了解学生的心理特点和认知水平。

（2）设计的案例应贴近生活。日常生活现象是产生兴趣的主要源头，通过程序案例来模拟日常生活现象，必然让学生觉得有无穷的乐趣。例如常用软件功能VB实现的案例、典型小游戏VB实现的案例（"猜笑脸"游戏、体育彩票6+1等）、对现实生活中某些产品工作原理模拟的VB案例（模拟交通红绿灯、秒表、温度计等）都会让学生产生共鸣。

二、要注重案例的针对性

（一）案例对知识点的针对性

教学内容在每堂课的教学当中，所选用的案例要操作简单，结构明了，案例所涵盖的知识点要有针对性，要把有相关性的结合起来一起教授，不要选用有一大堆新知识的案例，这样对于学生而言，不易掌握和理解。例如在教授VB三大控件：文本框、标签和命令按钮时，选用的案例就要针对性地集中在这三个控件当中，不要再引入其他新的内容。笔者就设计了计算圆周长和面积、球体积的案例进行新知识的教授，如图2所示，通过一个简单明了、操作简便的案例把用到的三个控件很好地应用了出来，学生也易于接受和理解。

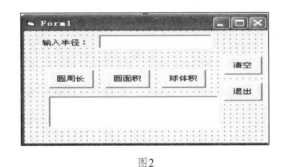

图2

（二）案例对教学对象的针对性

中职学生普遍文化知识水平较差，对语言程序设计课程具有畏难、畏学的情绪，这就要求教师在案例的选取时，要充分地考虑教学对象即学生的接受能力。尽可能地选取学生喜闻乐见，适合学生生理、心理特征的案例。不能不切实际地追求案例的深度和广度。如在分析循环结构的运行过程时，选取简单的累加案例，是非常适合学生的认知水平的。再如，在介绍If选择结构时，大部分的中职VB教材中都采用判断二元一次方程是否有解这一实例。但中职生大部分都非常怕学习数学，数学基础也比较差，用这样的例子既枯燥学生又不感兴趣，针对这一情况，笔者多年来都是将这

一知识点融入模拟江苏卫视《一站到底》制作（如图3所示）的答题系统
这一案例中来。这一教学案例《我也能"战"出〈一站到底〉》也因为学
生的"乐学"效果明显而在全国中职教师信息化教学设计与说课比赛时荣
获一等奖。

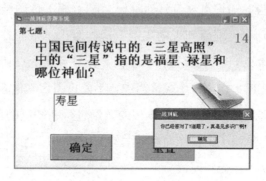

图3

三、要注重案例的恰当迁移

案例的迁移，是指在教学过程中，在原有案例的基础上逐步改变或增
加一些条件，就可以过渡到新的案例，从而把应用进一步引申到其他问题
上，以此提高学生举一反三的能力，同时也提高学生主动发现问题和解决
问题的能力。

例如，笔者在讲述VB中的计时器控件前，首先由图4这个简单案例引
出了计时器控件，方法是先向学生展示这个案例程序的功能——"单击命
令按钮时，文字就从左往右移动一段距离"。

图4

学生根据已有知识，很快就知道如何实现这一案例程序；然后提出一个新的问题："这样操作太机械化，能不能不需要人的干预而让文字自行移动呢？"在这一问题的引导下，向学生讲授了计时器控件的相关属性和事件等新知识后，学生很快就解决了新问题，写出了如下程序代码：

```
Private Sub Timer1_Timer()
        Label1.Left = Label1.Left + 200
End Sub
```

针对上述案例代码可以不断改变条件，提出新的问题，引导学生进一步思考：

（1）当文字移动到窗体右边界后便消失，如何让它从窗体的左边界重新出现？

（2）如果让文字从右向左水平移动，应如何修改程序？

（3）如果让文字从上往下沿垂直方向移动，应如何修改程序？

（4）如果让文字沿指定的路线移动，应如何修改程序？

（5）如果要手动控制文字继续移动，应如何修改程序（展示计时器的Enabled属性作用）？

（6）如果要控制文字移动的速度，应如何修改程序（引入滚动条控件的知识）？

通过案例的恰当迁移，可以产生一个接一个的新问题，用这些新问题牵引着学生的思维，让他们不停地跟着教学内容思考，而不是一味被动地接受教师知识的灌输；案例的恰当迁移，使得新案例产生于旧案例，旧案例引出新案例，旧案例和新案例之间平稳过渡，可以让学生对知识点理解得更加透彻，在教师一步一步的引导下做到融会贯通。

而要使案例具有良好的迁移性，教师必须抓住VB各个知识点之间的联系，整体地、系统地研究教学内容，将各个知识点的关联变成各种问题，根据问题的难度来巧妙地设计案例。

上篇
理论研究

四、要注重案例的层次性

由于中职学生之间的差异和基础的不同，学生对知识的接受能力也有所区别。为了让更多的学生在课堂上有收获，有成就感，保持对知识的渴求，在案例选用时就要考虑不同层次学生的学习需要。既要保证大多数学生能完成基本的教学任务，掌握课程标准所要求的知识和技能目标，在学习过程中获得成功的喜悦，又要能给少数尖子生提供提升的空间、创新的余地，让他们获得探索知识的乐趣。笔者为此把案例分成简单案例和复杂案例，简单案例能使所有的学生有收获，体验到收获的喜悦和成就感，复杂案例更能培养学生的探索精神和进取精神。例如在制作如图5所示的"用户登录"界面时，笔者分三个层次设计了不同的教学目标：一是完成对用户名和密码的验证，顺利登录；二是增加限时功能；三是限制每个用户输入错误密码的次数不超过三次。其中，第一目标是面向所有学生的，第二、三个目标是针对部分学有余力的学生的。

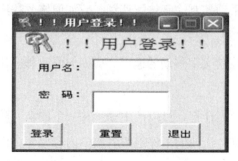

图5

五、要注重案例的综合性

如果在VB的教学过程中，我们选用的案例过多，过于零碎，就会导致学生在学完这门课程后仅会孤立地做一些简单的小程序，不能综合运用所学的VB知识来开发一个功能相对完整的应用系统。因此在设计VB教学案例时，最好能精选3～5个综合性案例，或仅选用1个规模较大的综合性案例（可简称为"大案例"）来覆盖或贯穿全部的课程教学内容。

具体教学时以贯穿整个学期的综合性案例为中心，以此案例引导学生进入知识点的学习，在旧知识的基础上运用新知识，逐步将案例完善。随着案例的完善，学习的新知识点也融入案例，这样逐步扩张，完成一个综合性案例项目的教学与开发。由于这些综合性案例将VB知识点有机地结合在一起，便于学生对VB知识结构的整体认识，同时学生对软件的开发也能初步形成一个整体性概念。

采用综合性案例进行教学，可以选择从第一堂课开始，也可选择在一个学期的最后一个月进行，笔者采用的是后一种。在讲授完VB的基本知识后，笔者会引入一个综合性案例"学生信息管理系统"，这个案例基本上覆盖了VB课程教学要求学生掌握的主要知识点。对这个综合性案例的讲授遵循了软件项目开发的一般步骤，从需求分析开始，过渡到功能分析，逐步引导学生完成系统模块的设计、数据存储的设计、输入输出界面的设计，到最后完成代码的编制、调试、运行等一系列过程。为了让学生充分体会到用文件和数据库管理数据的区别，我们分别用这两种数据管理方式实现了系统，通过这种处理让学生有机会深刻地感受到用数据库管理数据的优势。

在教授VB程序设计课程时，笔者力求把案例设计成能把课本知识点形象化、具体化、应用化，案例来自实际应用。通过这些案例，将零散的概念、抽象的原理与实际结合起来，提高学生运用理论知识去解决实际问题的能力。笔者相信，在平时的课堂教学中，如果案例的选取合理及组织运用合理，就可以大幅提高教学的效果，还可以形成良好的教学氛围，让师生在愉悦的教学氛围中教学相长。

参考文献：

［1］孟庆伟.案例教学法在《VB程序设计》课程中的应用探索［J］.福建电脑，2013（6）：204—205.

［2］朴春赫.浅谈案例教学法在VB教学中的运用［J］.农业网络信息，2013（7）：156—157.

上篇 理论研究

［3］梁旭玲.活用案例教学法在VB程序设计课程中的探究［J］.吉林
省教育学院学报，2012，10（28）：35—36.

［4］孙秀.高职VB教学方法改革的探索与实践［J］.辽宁师专学报，
2016（2）：43—44.

［5］陈江林，姚继美.案例教学法在VB教学中的应用研究［J］.电脑
编程技巧与维护，2014（4）：78—79.

［6］贾长云.VB教学之我见［J］.中国职业技术教育，2004（4）：
41—42.

［7］常梅，董英茹，王法胜.NET程序设计案例教学中"金字塔"式
课程设计模式探讨［J］.软件工程师，2012（8）：40—43.

手机二维码在中职教材与教学中的创新应用研究

　　随着教育信息化在中职学校的不断推进，多媒体辅助教学、网络辅助教学、数字化教学资源等不断普及开来，中职学生获取教学资源的手段也在不断变化，从多媒体教室到网络教室，学生获取资源的效率越来越高。如今，伴随着以数字信息技术为基础的"第五媒体"的出现，特别是以智能手机为代表的智能移动终端的迅速发展，更多的学生正在习惯于用掌上终端来获取信息。面对这些变化，如何使新媒体技术在教育教学中发挥它应有的作用，已成为每一个教育工作者必须不断深入研究与探索的课题。本文将探索手机二维码嵌入中职教材并进行教学的创新应用，利用手机二维码作为教材与数字化资源的桥梁，打破时空的限制，更好地适应中职工学结合、工学交替、弹性学制、学分制等要求，更好地提高学生的学习兴趣与学习效率。

一、什么是手机二维码

　　手机二维码是二维码技术在手机上的应用。二维码是用特定的几何图形按一定规律在平面（二维方向）上分布的黑白相间的矩形方阵记录数据符号信息的新一代条码技术，由一个二维码矩阵图形和一个二维码号，以及下方的说明文字组成，具有信息量大、纠错能力强、识读速度快、全方位识读等特点。将手机需要访问、使用的信息编码到二维码中，利用手机

上篇　理论研究

的摄像头识读，这就是手机二维码。手机二维码可以印刷在报纸、杂志、广告、图书、包装以及个人名片等多种载体上，用户通过手机摄像头扫描二维码或输入二维码下面的号码、关键字即可实现快速手机上网，快速便捷地浏览网页，下载图文、音乐、视频，获取优惠券，参与抽奖、了解企业产品信息，从而省去了在手机上输入URL的烦琐过程，实现一键上网。

二、手机二维码在中职教材中的创新应用

（一）手机二维码在中职教材中的应用实验研究

早在2013年的时候，就有学者对计算机教育和教育技术系的188名学生做过这样一个实验：让这些学生分成四组按不同的学习条件学习共同的知识点——计算机网络中OSI模型，实验结果如表1所示。

表1

学习条件	实验所用的材料	知识的保持（平均数）	知识的迁移（平均数）
文本	一份两页的纸质小册子，只用文字介绍了OSI模型的功能和工作原理	3.24	0.54
文本+图片	在第一种条件下，文字材料的附近设计有适当的图像进行讲解	3.26	0.59
文本+计算机环境	在第二种条件下，在网络环境下（计算机）介绍了OSI模型的功能和工作原理，模型层的实现和层与层之间的数据转换用动画和解说实现。学习者有机会在任何时候停止并重新播放动画	3.61	1.00
文本+手机	在一个单页纸张的小册子底部是二维码。在文本第一部分，呈现模型的基本功能；在第二部分，在移动设备屏幕上，呈现了各层是如何工作的信息。动画同样是在以计算机为基础的条件下，但是这一次它被格式化为手机屏幕上。学习者在手机上也有机会随时停止并重新播放动画	4.02	1.26

实验表明，文本+手机为基础的教学材料比纯文字或文字+图片的学习材料可以让人回顾更多的信息，知识的保持能力更好；也能更好地促进解决问题能力的提高，学习的迁移性也更好。

中职教材作为传递知识与技能的载体，多年来一直以文字+载体的图书教材形式呈现，这也使中职教学枯燥无味。而绝大多数的中职生文化基础比较薄弱，很难集中精神对大篇幅的文字进行阅读，他们更喜欢灵活多样的无拘束的自由学习方式。如何利用二维码链接学习内容，使学生能够实现传统教材与数字化教学资源之间的无缝对接，提高知识的保持与迁移，促进更有意义的学习和更深入的学习？那就是将手机二维码与中职教材联系到一起。具体的做法如图1所示：在教材中嵌入手机二维码，以教材中的二维码作为热点，读者运行智能手机上特定的App，借助智能手机上的摄像头扫描二维码，会自动登录到二维码教材应用平台，该平台会把配套的教学资源以相应的数字化形式（如动画、视频、图片、声音等内容）展示在手机上。通过智能手机的屏幕，将虚拟的数字化内容与纸质的内容结合在一起，使读者产生新奇的阅读体验。

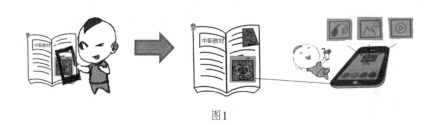

图1

将手机二维码嵌入中职教材后，使中职教材呈现颠覆性的变化。教材不再是单一的图书，而是演变为立体化教材，教辅资源将使得纸质教材更加丰满，并且具有更好的外延性。二维码可以将知识归纳、题目分析、微课等多媒体教学资源融入教材之中，对教材产生了很好的补充作用，书码结合，相得益彰。当然，要实现这个变化，就必须有网站及技术手段的支持。

上篇

理论研究

（二）中职教材嵌入手机二维码应用技术系统研究

将手机二维码嵌入中职教材中，不是一蹴而就的，需要构建一个复杂的手机二维码应用技术系统，其系统结构框架如图2所示，主要由用户终端、二维码教材应用平台、二维码教材开发平台和监管平台组成。

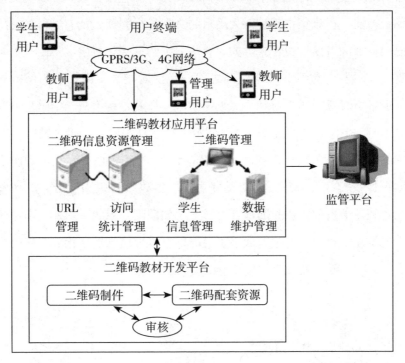

图2

用户终端：主要针对学生、教师及其他管理用户，学生及教师用户使用手机摄像头扫描教材中的二维码，访问与二维码相对应的知识点的WAP网页（可以是图文材料，也可以是能直接播放的微课视频或教学音频等数字化资源等），自主学习相关知识点，参与讨论区的讨论，进行知识点相关题目的练习，重难点知识的疑问解答及相关知识点资料的下载等交互。

二维码教材应用平台：主要进行二维码信息管理，终端用户访问URL管理以及中职学生信息数据维护等系统管理应用功能。

二维码教材开发平台：主要进行二维码制作，二维码配套教学资源制作，教材二维码嵌入设计等功能。

监管平台：主要中职教学行政主管部门完成教材二维码技术监管、配套资源进行有效的电子监管。

三、手机二维码在中职教学中的创新应用

（一）手机二维码在中职教学中应用流程

手机二维码嵌入中职课程相应的教材中，它存储的不是实际内容，而是一个索引号。根据这个索引号进入相应的教材教学资源服务平台检索相应的教学内容，其使用流程如下。

首先，在开发新教材的同时，根据具体的内容制作相应的二维码，并根据二维码的索引号制作配套的各种形式的教学资源，经主管部门审核后发行教材，配套的教学资源存入二维码信息资源管理服务器。

其次，教师或学生在教材中找到对应的知识点的二维码，用手机摄像头终端对目标二维码进行拍摄，相应终端系统对二维码图形进行识别、读取和解码，即教师或学生使用手机终端向二维码教材应用平台发出访问请求，将二维码对应的索引号信息发给二维码教材应用平台。

再次，二维码教材应用平台将索引号信息映射为对应的URL，并将学生端请求重定向到相应的知识点的WAP页面，知识点WAP网站为教师或学生手机返回响应的请求结果。

最后，用户和知识点WAP网站之间进行交互，执行后续应用，如点播课程微课、查看解题思路或操作步骤或下载资源等。

（二）手机二维码在中职教学中创新应用效果探析

1. 手机二维码在中职教学中创新应用给教师教学带来颠覆性的变化

手机二维码嵌入中职教材中后，给教师的教学带来了颠覆性改变。因为学生与教师一样获得同等信息资源，它不仅促进教学内容、教学方式等发生根本性变革，也促进教师重新自我定位，学习并驾驭新媒体技术，提

升自身修养和教学效果，新媒体技术既给教师带来了发展机遇，也带来了种种困惑。

2. 手机二维码在中职教学中创新应用给学生学习带来颠覆性的变化

手机二维码嵌入中职教材中后，给学生的学习也带来了颠覆性改变。这给学生学习带来了很大的方便，以往在课堂上只是听教师讲解，现在可以随时随地使用智能终端通过印刷在教材中的二维码热点链接查看。在课堂上没有掌握的知识难点，可以在课下通过观看"嵌入"在书中的微课程继续学习，直至理解掌握。特别是对于操作性强的专业课程，课前与课后均可对加印的二维码进行扫描学习更多的示范案例；而对于实验实训教材中的设备，课堂上还可通过手机识别不同部件二维码标识，获取大量的补充学习资源，包括理论内容、实践操作步骤和检修视频等一系列内容。在丰富的在线教学资源的作用下，中职教材内容将以多样性、开放性和动态性等优势直观形象地展现在学生面前，使学生眼见其形、耳闻其声，能更好地掌握知识，为学习带来了前所未有的方便，使学习变得简单、快乐、高效。

四、手机二维码在中职创新教学中应注意的问题

凡事都有两面性，正确的态度是：弃其糟粕，取其精华。在数字时代，新媒体在中职教学中的应用是时代产物，也是未来的趋势。因此，我们要积极面对它所带来的问题，让它更好地为中职教学服务，特别应注意以下几个问题。

（一）规范素材，精设资源，避免"空虚"假象

在创新应用过程中，如果只有手机二维码的嵌入，没有配套的教学资源，所有工作都形同虚设，首先重要的工作就是要建立丰富的、规范的教学资源，主要包括文字素材、媒体素材、视听教材（音像教材和微课堂）等。考虑到移动设备屏幕尺寸较小、学生注意力容易分散等因素，在制作这些资源时，要突出知识重点和难点，内容不宜过多（一般只安排一个知

识点），时间不宜过长（一般限制在5分钟内）。特别注意手机二维码教材配套资源不是网络课程资源的搬家，因此要针对手机格式重新设计制作资源，还要注意设计的简洁美观，形式的多样化。

（二）正确认识，做好引导，避免"负面"效应

新媒体在中职教学中的应用，不仅对教师提出了更高的要求，而且对学生也是一种挑战。教师要适时更新教学理念，智能手机等移动设备不是"洪水猛兽"，将智能手机用于设计教学是时代发展使然，也是对传统设计教学模式改革的一种合理化补充与有益的探索。对于学生，在课后的学习（特别是实习期）要求充分发挥他们的自主性，有效地利用网络探索信息，发现问题，解决问题，充实自我。但是网络世界纷繁复杂，学生很容易迷失其中，这时就需要教师的正确引导。另外，对学生的健康特别是视力的影响也不容小觑，这些都要引起重视，趋利避害。

五、结语

总之，时代在前进，知识需要不断地更新，教改更是永无止境。作为一个新时代的中职教师更须在教学过程中恰当地应用手机二维码等新媒体、新技术，化抽象为形象，变静为动，将创新的教材、创新的教法与创新的课堂环境有机地结合起来，激发学生的学习兴趣，开拓学生的知识，拓展学生的思维，提高教学质量。

参考文献：

[1] 吕海燕，刘瑞儒，霍惠芳. 二维码在移动学习中的应用 [J]. 中国医学教育技术，2013（2）：60—63.

[2] 姜海，李萌. 手机二维码在网络媒体中的应用及发展前景 [J]. 出版发行研究，2013（5）：61—65.

[3] 胡维平. 手机二维码对大学生未来学习方式的影响与对策 [J]. 教育与职业，2013（26）：191—192.

上篇 理论研究

［4］吉晓娟，邬家炜. 手机二维码技术在远程教育中的应用［J］. 中国教育技术装备，2010（24）：95—97.

［5］钱鹏. 二维码技术在高校多媒体教学中的应用［J］. 实验室研究与探索，2014（4）：255—259.

［6］许顺利，米志强. 基于二维码技术的学校语文教材研究［J］. 计算机·信息，2014（9）：188—189.

提升欠发达地区中职教师信息化
教学能力新思路

　　随着社会信息化进程的加快，教师信息化教学能力的高低，已成为影响学校内涵建设的重要因素。《教育部关于加快推进职业教育信息化发展的意见》（教职成〔2012〕5号）明确指出要提升职业教育工作者的信息素养，因而职业教育信息化的关键在于培养一支信息素养高和信息化教学能力强的职业师资队伍。然而，如何在以促进学生发展为目的的新型教学模式下，利用信息资源从事教学活动、完成教学任务，却没有得到中职教师的足够重视。特别是欠发达地区的中职教师，由于学校环境及教师本身等因素制约，在将信息化技术与教学活动相融合等综合能力上，与发达地区相比总体上观念落后、能力偏低，处于薄弱地位。笔者在主持潮州市教育科学"十二五"规划立项课题"以信息技术为核心的校本研修研究"的研究过程中，通过我校教师两年多的实践，从观念转变入手到技术培训，强化研讨并且结合课堂进行应用教学，提出了提升中职教师信息化教学新思路。

一、信息化教学的内涵

　　信息化教学，是以现代教学理念为指导，以信息技术为支持，应用现代教学方法的教学。在信息化教学中，要求观念、组织、内容、模式、技术、评价、环境等一系列因素信息化。信息化教学模式明确以学生为中

上篇　理论研究

心，强调情境对信息化教学的重要作用，强调协作学习的关键作用，强调对学习环境的设计，强调利用各种信息资源来支持"学"。教师只有充分认识到信息化教学模式的特点，才能更好地把握住信息化教学的特点，才能胜任信息化教学。

二、制约欠发达地区中职教师信息化教学能力提升的因素

（一）欠发达地区的中职教师信息意识不强

信息素养低、信息技术教育能力差，对采用信息教学手段授课存在畏难情绪，即信息化教学动力不足是普遍现象。

（二）信息化教学环境不完善，信息化教学装备差

受教育经费制约，目前大多数欠发达地区中职学校的信息化环境建设才刚刚起步，除了专业实训室、多媒体教室等教学场所具有信息教学设施外，其他形式的信息化教学环境（如智能教室）几乎没有，教师信息化教学装备很少，制约着信息化教学的开展。

（三）缺乏信息技术应用型人才

高层次、复合型的信息技术人才是保证教育信息化顺利实施、利用教育信息化应用水平的关键力量。欠发达地区中职学校难以吸引高素质的教师（特别是掌握信息技术的高学历教师）来校任教，因而阻碍了学校信息化教学的应用和推广。

（四）学校领导对推进教育信息化的战略地位理解不深，认识不足，紧迫感不强

欠发达地区中职学校领导大都年龄偏大，缺乏信息技术基础知识，受传统教育思想的影响，对利用信息技术推动学校改革、全面提高教育质量缺乏战略考虑。学校领导观念的滞后已经成为欠发达地区中职学校推动教育信息化的主要障碍。

此外，制约目前欠发达地区中职学校教师信息化教学能力提升的不利因素还有：各校还没有制订出明确的教师信息技能教育培训长远规划，缺少特殊的政策扶持、激励机制、奖惩办法等。

三、提升欠发达地区中职教师信息化教学能力的新思路

（一）前提：转变教师观念

职业教育信息化发展需要大量的物质投入，但更重要的是加快提升整个职业教育系统人员的信息化素养，使他们的文化素养、信息意识和信息技能相应提高，使他们成为一支掌握先进教育思想和理论，掌握信息化教学基本技能，并能在教育教学中自如地应用现代信息技术的教师队伍。

（二）催化剂：优化信息化教学环境

信息化环境包含完备的计算机设备、优化的校园网络和浓厚的信息化教学氛围。

完善计算机设备。提供必要的计算机硬件设备是开展教师信息化培养的物质前提。基本的硬件设备包括教师备课用机和学生多媒体教室。近年来，我校采取申请中央财政专项建设资金、竞争分配广东省中职教育专项资金与学校自筹相结合的方法逐年更新、完善信息化硬件，取得了良好的效果。

优化校园网络。畅通无阻的校园网络是教师获取信息、整合资料，开展活动交流、教学评价的资源保障。我校在确保建立开通校园网络的同时，还配备专人进行校园网络的日常维护，确保网络畅通。

营造信息化教学氛围。通过多种途径营造有利于教师开展信息化教学的氛围，引领教师从传统意义上的知识传授者转变为专业学习的组织者和协调者，加强对学生合作、探究学习能力和自主获取专业知识、信息能力的培养。实践中，我校利用校园文化宣传强化，对师生进行不间断的知觉上的刺激，形成信息化教学的自主意识；组织相关的教师论坛，比如"现代信息技术条件下的中职教学改革""移动互联网技术在中职教学中的应用与实践"等让教师们各抒己见，充分体现各自的信息素养；定期刊出教师与学生的信息窗，让师生毫无保留地展示各自的信息才能，对能够积极使用信息化手段开展教学的教师给予必要的支持和肯定，及时将先进的信息化教学理论传播至一线教师；另外，课题组成员以校为本，边研究边实

上篇 理论研究

践，自行开发搭建学校数字资源共享平台，建设网上教研、网上课堂，使教师在良好的信息化氛围中形成自我提升和自我优化的意识，从而积极参与到信息化教学改革实践之中。

（三）主渠道：开展专题培训

专题的校本培训是欠发达地区中职教师专业发展的重要途径之一，也是学校信息化教学应用和推广的快捷方式。自课题研究开始，我们进行了两个方面的培训。

培训第一个方面，特别将校长、主任等行政班子纳入培训对象，提高领导对教师信息化教学能力的认识和认可。通过全员培训使广大教师进一步建立基于信息技术的现代教育思想和观念，提高信息技术水平，会熟练使用办公软件进行文字处理、电子办公，PPT课件修改和制作，能够在互联网上搜索相关学科的资源并下载和进行整合，建立、修改教育博客，掌握电脑绘画、简单的FLASH动画制作、音视频下载、转化、截取以及微课的制作等。

培训第二个方面，要求教师在提高信息素养及信息操作技能水平的基础上，重视学习资源的利用，坚持以学生发展为本进行教学，学会信息化教学设计。设计信息化课堂教学不能只满足于教材，而是要通过大量的信息资源，设计创设学习情境，并通过媒体与学生互动，引导学生在浩瀚的知识海洋中学习。让学生通过媒体自己去发现、分析和处理教学信息，与同伴进行协作学习和会话交流，在学习过程中解决实际问题，从而让学生得到成功的喜悦与智能发展。因此，信息化教学设计的成功是课堂教学成功的一半，信息化教学设计的成功也促进教师的信息化教学能力的发展。

在第二阶段培训过程中，我们先通过定期开展有关中职信息化教学设计相关理论的学习，使教师掌握一定的理论基础后，要求教师必须写出自己的信息化教学设计，推进理论在课堂教学中的实践。然后学校不仅组织检查其信息化教学设计教案，还要听课，了解其信息意识与信息技能有否增强，评价其信息化教学能力。主要做法是开学初让教师们针对一学期的教材，制订出实施信息应用课的计划，然后认真设计好信息化教学的方案。最后，通过教师信息化教学能力评价表来评价每位教师的信息化教学能力。

与发达地区中职教师的条件足、水平高的培训相比，我们从基础做起，通过采用校本培训与教师自助相结合、线上学习与线下实践相结合、"请进来"和"走出去"相结合等方式对教师进行专题培训，以校为本，以人为本，也在另一角度上提高了教师信息获取能力、信息化课程整合能力、信息化教学交往能力、信息化协作能力和信息化创新能力等。

（四）助推器：强化课堂应用

教学相长，强化信息化教学能力在课堂教学中的应用，一方面能检验和强化教师信息化教学水平，另一方面能激发教师自觉提高信息化教学水平的意识，使其成为教师的一种需要，从而推动教师信息化教学能力的提高。在实践过程中，我们组织了使教育信息化进入课堂教学的活动，经常组织教师观摩、学习优秀教师的信息化示范教学，通过展示性的应用课逐步过渡到日常性的应用课，强化课堂应用，从而不断提高教师的信息化教学水平及意识。

（五）组织学习研讨是教师信息化教学能力提升的重要手段

教师信息化教学能力的提高过程中包含着很大的技术含量。在这个过程中，难免出现许多难解的问题，组织教师学习研讨是解决诸多问题、提高教师信息化教学能力的有效方法，也是培养欠发达地区中职学校的信息化教学专家的重要手段。

在具体的工作过程中，可以组织各种专题的研讨活动，如现代信息技术方面的、课堂应用方面的、教学组织与设计方面的等。这些专题的产生来自教师信息化教学能力发展的实际，研讨更要有实效性，要从解决实际问题入手。例如，在"学习活动的设计与组织"的研讨中，许多教师深深地感到，在让学生获得必要的知识与技能的同时，应当让学生同时了解知识的发展及其知识的社会价值，认识探索知识的科学方法与策略，从而提高学生在社会活动中进行决策和参与改造的基本能力。于是，在教学中，

上篇 理论研究

許多教師就常常會自覺地從教材所確認的內容出發，將那些需要學生認知的、孤立性的事實，通過教師的合理組織，借助信息化資源，轉變為一個個學生感興趣、需要學生設法解決的社會性的問題。比如在《函數的單調性》的教學設計中，中餐烹飪專業的數學老師讓學生搜集了與專業相關的"烹飪實驗數據"（每10分鐘測量並記錄煮牛肉時肉的質量）和生活相關的"豬肉價格走勢圖"作為這節課學習的素材，用真實的、與專業相關的數據，增加了學習興趣，增強了參與意識，讓學生體會到數學與專業和生活密不可分。

（六）有力機制：引進競賽評比

以信息化教學相關比賽為平台，為教師提供展示、交流和提升的機會。我們學校每年都要舉行一次教師課件製作比賽、教師信息化教學設計及說課比賽，每學期進行一次信息化教學觀摩課、中職教學資源應用優質課，並積極參加上級的各種信息化教學大賽，走出去與發達地區的教師交流、學習，借鑒先進省市和名校名師經驗，通過這些促進教育教學變革，提高教師信息化教學能力。

另外，我們把教師信息化教學能力提高作為教師專業化發展的一項重要內容，納入了教師考核方案中，設立了年度信息化教學創新獎，表彰在信息化教學設計、數字化教學資源開發、信息化管理、信息化考研和其他信息化建設工作中取得優異成績的教職工，建立起促進教師信息化教學能力發展的長效機制。這項工作已經得到了廣大教師的普遍認可和大力支持。

對於欠發達地區的中職學校來說，以區為本、以校為本、以人為本，更有針對性地通過專題培訓、課堂應用、學習研討、競賽評比等方式轉變教師觀念、提高教師信息化教學能力，進而促進教學模式、教學體系、教學內容和教學方法的改革，更好地為教學服務，是當前欠發達地區中職學校發展的需求。同時也是加速其教育手段和管理手段的現代化，深化中職教育改革，全面提高教育質量和效益的必然。

参考文献：

［1］林沛.提高中职学校教师信息化教学能力的策略——以汕头市中职学校教师为例［J］.广东教育·职教，2015（6）：49—50.

［2］王卫军.教师信息化教学能力发展策略研究［J］.电化教育研究，2012（5）：16.

［3］孙步鲜，杨风涛.职业院校教师信息化教学能力提升的途径和方法［J］.教科导刊，2015（29）：65—67.

上篇 理论研究

基于产教融合的平面广告设计行业人才培养的策略

——平面广告设计行业对中职培养人才需求的问卷调查分析报告

随着社会信息化、数字化与智能化飞速发展，大数据、人工智能等也改变了中职学校的培养模式，各项加强校企产教深度融合的政策不断出台，中职学校如何更好地为市场服务，如何让学生更快地适应实际工作岗位要求？为此我们以本校开设的"PS图形图像处理"课程为突破口，通过对潮汕地区及周边平面广告设计行业进行问卷调查，分析学校培养的学生能否满足平面设计广告行业对人才的要求，以找到行之有效的教学模式。同时为后续"中职'PS图像处理'线上线下混合式'金课'课程建设实践研究"这一教育教学改革项目掌握第一手材料做准备。

一、研究对象与方法

（一）研究对象

以潮汕地区及周边广告行业的企业（如禾木装饰广告、善馨文化、扬光广告装饰和蓝天广告有限公司等25家）为研究对象。

（二）研究方法

1. 文献资料法

通过查阅近几年有关广告设计行业的相关资料，获得有关信息。

2. 问卷调查法

每家公司发放2份问卷，总共发放问卷50份，实际回收50份，回收率100%。

3. 数理统计法

对调查的数据进行了有关统计与分析。

二、问卷调查结果与分析

（一）企业对平面设计广告行业前景的看法（见表1）

表1

对前景的看法	企业数量（家）	百分比（%）
有前景	50	100
感觉暗淡	0	0
一般	0	0

从表1可以看出，潮汕地区及周边的企业对广告设计行业的前景是非常看好的，近几年广告行业在本地区及周边逐渐兴起，人们对广告有了很大的认可，生存空间非常大，有时候会产生没有人手忙不过来的现象。

（二）潮汕地区及周边广告设计行业竞争情况（见表2）

表2

竞争是否激烈	企业数量（家）	百分比（%）
是	26	52
否	0	0
目前一般，但越来越激烈	24	48

从表2可以看出，潮汕地区及周边的广告设计行业存在一定的竞争，这就要求我们的学生必须提升自己的专业素养以适应竞争日益激烈的行业

上篇 理论研究

需求。

（三）平面广告行业招聘学生的学历要求（见表3）

表3

学历要求	企业数量（家）	百分比（%）
本科	5	10
大专	25	50
中专	10	20
有职业资格证书	0	0
其他	10	20

中专文凭仅只占20%，中职生要在这个行业中分一杯羹是有点难度的，本身必须要有亮点。

（四）平面广告设计行业对员工的性别要求（见表4）

表4

性别	企业数量（家）	百分比（%）
男	5	10
女	0	0
无性别要求	45	90

从表4中可看出，广告设计行业对性别没有什么特别的要求。

（五）平面广告设计行业对学生专业的要求（见表5）

表5

专业	企业数量（家）	百分比（%）
美术专业	25	50
电商专业	5	10
计算机专业	5	10
无专业限制，软件熟悉有一定美术基础	15	30

结果可见，软件熟悉有一定美术基础能够占到30%，美术素养在平面广告设计行业中是比较重要的。

（六）平面广告设计行业在招聘应届生时主要考查的能力（见表6）

表6

能力	企业数量（家）	百分比（%）
软件操作能力	50	100
沟通能力	50	100
在校学习成绩	0	0
作品集的质量	25	50
手绘能力	40	80
有项目经验的能力	0	0
其他	0	0

（七）平面广告设计行业员工的工资（见表7）

表7

工资范围	企业数量（家）	百分比（%）
2000元以下	0	0
2000～4000元	46	92
4000～6000元	4	8
6000元以上	0	0

潮汕地区属粤东，多数经济欠发达地区，工资水平偏低。

（八）从事平面广告设计行业人员应该具备的专业技能（见表8）

表8

专业知识和技能	企业数量（家）	百分比（%）
熟练的软件操作能力	50	100
扎实的美术基础	45	90
创新创意能力	20	40
敏锐的感受能力	40	80
对作品的美学鉴赏能力	40	80
对设计构想的表达能力	5	10
具备全面的专业技能	0	0

上篇 理论研究

结果可见平面广告设计人员必须掌握软件操作、有一定的美术基础、对其他作品的接受、感受和鉴赏能力要强，这样才能适应行业的要求。

（九）从事平面广告设计行业人员应该具备的职业素养（见表9）

表9

职业素养	企业数量（家）	百分比（%）
吃苦耐劳的精神	50	100
人际交往和团队协作能力	50	100
职业道德和责任心	50	100
学习新知识的能力	50	100

（十）平面广告设计行业使用的平面设计软件（见表10）

表10

平面设计软件	企业数量（家）	百分比（%）
Photoshop	50	100
3D MAX/MAYA	2	4
CorelDRAW	50	100
Illustrator	50	100
AutoCAD	2	4
InDesigh	0	0
其他	0	0

结果可见，平面广告人员不再只是单一会Photoshop软件。

（十一）在进行设计作品时考虑的因素（见表11）

表11

作品因数	企业数量（家）	百分比（%）
整体的内容	50	100
整体的色彩	50	100
整体的版面	40	80
整体的布局	50	10

作品因数	企业数量（家）	百分比（％）
字体的大小	0	0
图形的多少	0	0
作品的功能	50	100
图片的大小	0	0
其他	0	0

从表11中可看出，平面广告设计行业在设计作品的时候更注重内容和功能、整体美观的布局、整体的色调和色彩，80%注重版面。平面广告设计作品是由色彩、文字、图形等要素组成的，人们在观看广告时，最先感受到的是色彩效果，并由此给人某种印象。其次才是作品表达的功能和应有的创意，而潮汕地区有自己鲜明的"潮"文化，作品设计要符合地方文化才更容易让人接受。

（十二）平面广告设计行业的服务内容（见表12）

表12

服务内容	企业数量（家）	百分比（％）
网页美工	20	40
VI设计	10	20
包装设计	25	50
宣传册设计	45	90
展板设计	50	100
室内外广告设计	50	100
移动端界面设计	2	4
其他	0	0

从表12中可看出，平面广告设计所运用的领域非常广泛，只要有市场的地方就有广告宣传，可以说平面设计已经是人们生活中不可或缺的组成要素，生活需要平面设计来点缀，反过来平面设计也需要生活提供市场。

上篇 理论研究

（十三）毕业生、实习生存在的不足（见表13）

表13

存在的不足	企业数量（家）	百分比（%）
软件应用不熟练	50	100
不敬业，没有责任心	10	20
缺少创新精神	45	90
无团队意识，以自我为中心	15	30
不能吃苦耐劳	10	20
缺少美感	50	100
专业能力不足	45	90

从表13中可看出，学校培养的学生离企业真正需要的人才有一定的差距。

三、分析结论及有效的解决策略

（一）将职业素养有机融入课堂教学

根据第9道从事平面广告设计行业人员应该具备的职业素养的问卷答题来看，相关的职业素养是企业100%的需求，提高学生的职业素养已经迫在眉睫。从教育部发布的教学标准，到学校修订的人才培养方案来看，职业素养已被提到非常高的地位。根据我校计算机应用专业人才培养方案以及"图形图像处理""电脑美工""Illustrator"等课程对职业能力与职业素养培养要求，专业教师通过科学分析，规划教学项目，以项目任务为载体进行教学设计，每个教学教案的设计除了要有知识与技能目标外，还要有职业素养目标，根据课程的职业素养与职业能力科学重构课堂教学。通过多个教学项目反复训练，循序渐进地培养学生的责任心、吃苦耐劳等品质，提高学生善于交流、团队协作和不断学习新知识等职业素养。

（二）明确课程教学培养的职业技能目标

职业教育必须强化产教融合，落实就业导向，毕业生必须"学会工作"，即具有能够完成企业所要求的工作任务的职业技能，从表5、表8、表10这几道问卷调查结果来看平面广告设计人员必须掌握软件操作，有一定的美术基础，对其他作品的接受、感受和鉴定能力要强。首先要熟练掌握软件操作，其次要有一定的美术素养能够进行手绘，最后要有美的感受力和美学的鉴赏能力以及能够自主学习新的知识。这些职业技能目标是我们要在学校培养的。在课堂教学中，教师要明确职业技能目标与课堂教学目标的关系，制定一个行之有效的课堂教学目标，在目标的引导下提高课堂教学效率，通过多个连贯的课堂教学目标来实现职业技能目标。如在"PS图像处理"线上课程的内容中加入了20个微课视频，通过多节课的美术基础素养课堂教学目标来实现职业技能目标中的美术素养手绘技巧。

（三）模拟平面广告设计行业的业务操作过程来组织教学

在教学实施的过程中，我们应该设立课题，模拟平面广告设计的业务过程，创作虚拟的逼真环境，将课题需要解决的任务交给学生，教师解惑，引导学生自主学习，收集信息、明确目标、制订计划、实施制作、检验成果和评估评价。在制作方面要避免过分注重电脑操作，而忽视了制作的本意，要让学生独立思考，主动学习去设计更加精美的作品。在模拟业务中，学生通过参与全部的业务操作过程，了解平面设计的各个环节，从而懂得现实业务的要求，通过这种教学实现课堂与企业实际的对接。

（四）教师要"走出去"全方位提升专业能力及素养

师者，传道授业解惑也。中职教师不仅要具有高尚的道德情操、精深的学科专业知识、广博的文化知识和扎实的教学实践能力，更要熟知所教专业的人才培养规格及专业建设，而且要有企业的经验。人力资源社会保障部、教育部印发的《关于深化中等职业学校教师职称制度改革的指导意见》和《广东省深化中等职业学校教师职称制度改革实施方案》都更加注重产教融合、校企合作和工学结合的教学改革实绩，注重行业企业实践经历。《职业学校教师企业实践规定（试行）》更加明确规定职业学校教师必须有企业实践经历。如果没有去过一线实践，那一切就是纸上谈兵。纸

上篇 理论研究

上得来终觉浅，绝知此事要躬行，课本书籍上学到的东西与企业生产、设计的实际一定是有所差别的，因此理论必须与实践进行紧密的结合，从传统的教室走出去，转战平面广告设计行业，才能了解教学与行业的差距，了解人才培养与社会需求的差距，为以后的专业建设、课程开发、教学工作的提高打下良好的基础。

（五）学生也要"走出去"全方位提升职业能力及职业素养

职校培养学生的目的就是将学生锤炼成企业、社会所需要的职业技术人才，学生离企业真正需要的人才有差距，则需要我们的学生走进企业，去了解企业生产、经营全过程，才能让学生知道自己缺少的是什么。那么如何走进企业呢？采用"订单式"的工学结合这种校企合作本来是最好的，也是最有实效的，但是平面广告设计行业需求量不大，不能成批，这种工学结合教学模式显然是行不通的。于是我们改为邀请平面广告设计企业从业人员走进课堂和在某些教学项目的环节中有走进企业环节。以"banner"为例，首先我们请来了平面广告设计企业从业人员张经理，他带来了企业的一个"茶叶公司的banner广告"的实例，然后通过张经理来讲解企业中banner制作的技能技巧，学生完成一些简单的设计，再将学生带到企业去近距离感受，最后将"茶叶公司的banner广告"项目交给学生，让他们分组去收集材料、设计、制作作品，再进行评比，将最后的作品上交给客服。这样才能真正深化校企合作和产教融合，提高专业教学与产业发展的契合度，培养合格的人才。

总之，学校在进行平面广告设计人才培养时，应该结合本地区的广告行业实际，将职业素养有机融入教学的方方面面，将职业技能进行有机的分解，再溶解到各个项目中并对学生进行循序渐进的灌注，采用模拟实战的教学形式进行教学，让教师和学生都"走出去"，去博学之，审问之，慎思之，明辨之，笃行之。这样培养出来的人才才能更好更快地适应日益竞争的社会需求。

参考文献：

［1］李小鲁.大学生职业素养培养研究综述［J］.教育教学论坛，
2016（8）：107—108.

［2］罗建和.谈提高当前广告设计人才素质培养的途径和方式［J］.
嘉应学院学报，2008（26）：98—102.

［3］王显燕，李文轩.中职专业教师企业实践的现状分析及对策
［J］.教育现代化，2016（7）：21—22+28.

上篇 理论研究

浅析中职"金课"价值导向和建设标准

2018年6月，在新时代中国高等教育工作会议上，教育部陈宝生部长首次提出"金课"概念。同年8月，"淘汰'水课'、打造'金课'"被写入教育部印发的《关于狠抓新时代全国高等学校本科教育工作会议精神落实的通知》。此后，"金课"建设在全国高校紧锣密鼓开展起来。

"金课"源于本科教学改革的需要，从概念的提出看，"金课""水课"的提出是针对本科教育的。笔者认为无论是陈宝生部长提出的"有深度、有难度、有挑战度"的"金课"要求，还是吴岩司长解读"金课"特征时提出的"两性一度"，即高阶性、创新性和挑战度，都是与职业教育特别是中职教育课程诉求有出入、不吻合的，但这并不影响我们借此对课程褒贬评价的比喻概念，灌注适合我们中职自身课程特质的价值导向与建设标准，来一次课程"质检"，开展拒绝"水课"，打造"金课"课程变革，从而提高我们中职课程的质量。因此，研究中职"金课"价值导向与建设标准就显得尤为重要。

一、中职"金课"的价值导向

课程是人才培养的核心要素，是体现"以学生发展为中心"理念的"最后一公里"，同时也是中职学校普遍存在的短板、瓶颈、软肋，是一个关键问题。作为教育者，不能单一、局限地把课程视作学生日后谋求职业的手段，也不能把课程片面地视作学生未来成长发展的训练材料，而是应当把其看作学生能够自我发展和自我实现的载体。而随着经济的发展、高等院校的扩招，中职学校面临着巨大的挑战和竞争压力，中职学校要在众多层次学校中脱颖而出，急需建设一批与当前社会产业、经济对接的具有地方特色的"金课"，同时纠正中职课程建设中的实践偏离，提高课程教学质量，提升竞争力。因此，中职"金课"的建设需要遵循以下价值导向。

第一，重视课程思政，彰显育人目标。

"金课"的"金"首先要体现在课程讲思政，"金色"将作为"金课"的鲜亮底色。"金课"建设应重视课程思政，贯彻落实立德树人的根本任务，强调从课程目标、内容、组织、评价等多方面全过程融入育人价值。以中职"PS图形图像处理"课程为例，首先要结合课程标准及学科特性，在课程目标中加入思政目标，将知识点与课程思政元素有机糅合设计项目任务，提倡加入思政元素的项目式教学，通过"隐性"方式厚植家国情怀，涵养学生品格与心理品质，最后调整和完善课程教学反馈评价体系。通过将"金色"思政融入教学的各个环节，以间接、隐性、润物无声的方式对处在人生成长"拔节孕穗期"的中职生进行价值引领和品格塑造，达成课程育人的目标。

第二，强调能力导向，符合发展需求。

如果说我们中职教育培养的"人"是由品德修养与技术技能等关键能力支撑起来，那么课程思政则是撑起"人"之撇，而能力导向则是撑起"人"之捺。职业教育是能力本位的赋能教育，中职"金课"的建设应凸显"职业性"，对课程服务的岗位工作任务要进行分析，找出与课程相对应的核心能力，并以此为导向，构建目标体系，确定学习领域，创设学习情境，积极探索新模式和新方法，将专业能力（职业能力）、方法能力、社会能力和生活能力培养有机融入教学中，培养符合产业岗位需求、符合社会需求的创新型人才，为学生自身可持续发展提供帮助。

例如笔者的实验课程"PS图形图像处理"，就是基于工作过程，对接广告师等岗位职业标准设计了课程框架及具体学习项目，利用超星学习通线上线下混合式教学，既有效解决学生岗位职业能力不足问题，又让学生

上篇 理论研究

在来源于工作实际、理论与实践一体化的学习任务中，培养"会说""会做""会思""会学"等关键能力和团队合作探究等综合能力。

第三，主张跨界融合，协同育人。

定界是学校本单位的单主体育人，跨界则是校企协同的双主体育人。姜大源教授曾指出职业教育是跨界整合的教育，跨教育与产业之界，学校与企业之界，工作与学习之界，理论与实践之界。这是对职业教育本质的准确揭示。笔者认为职业教育就是整合教育，其"金课"的根本价值导向应该是产教融合、校企协同育人。如笔者实验课程"PS图形图像处理"在打造过程中就是由我校和饶平县善馨文化传播有限公司、饶平县禾木装饰广告设计公司、广东鼎立广告有限公司等企业共同承担，协同实施的。也只有校企协同育人，我们中职培养的人才才能与产业、行业对接，才能真正符合市场需求，才能在本科生、大专生林立的社会有自己的特色可以站住脚。

二、中职"金课"建设标准

定位了中职"金课"的价值导向后，接下来我们就得明晰中职"金课"的建设标准，才能引领"金课"建设方向，保障"金课"建设质量，助力中职学校提质培优、增值赋能、以质图强。基于此，笔者查阅了知网、万方数据库、维普网等知名学术网站，发现对于"金课"建设标准多数是针对本科高校，少数为高职院校，而对于中职"金课"标准的研究几乎为零。为此，笔者在研究上述网站的资料后，结合历年来参加职业院校教学能力大赛的备赛经验与省级中等职业教育教学改革项目之实验课程——中职"PS图像处理"线上线下混合式"金课"课程的建设实践与研究体验，从课程目标、课程内容、教学组织与实施、教学评价、改革与创新五个方面提出"金课"建设标准，具体要求如表1所示。

表1

标准指标	指标观测点及描述	分值
课程目标	1. 要符合中职办学定位和专业人才培养目标，坚持立德树人，融入思政	15
	2. 要坚持知识、能力、素质有机融合，注重提升课程的高阶性，突出课程的创新性，增加课程的挑战度，契合中职生解决复杂问题等综合能力养成要求	
	3. 课程目标可分为知识探究、能力建设、人格养成、价值引领四个维度，描述要准备具体，对应国家、行业、专业需求，符合中职生培养规律，符合中职学校校情、学情，达成路径清晰，便于考核评价	
课程内容	1. 要落实课程思政建设要求，通过专业知识教育与思想政治教育的紧密融合，将价值塑造、知识传授和能力培养三者融为一体	30
	2. 要以实现专业人才培养目标的有效知识（技术理论知识、技术实践知识）为主体，遵循学生职业能力培养的基本规律，以典型工作任务及其工作过程为依据科学设计课程内容，教、学、做相结合，理论与实践一体化，实训、实习等教学环节设计合理，突出专业特色。并适当增加体现多学科思维融合、产业技术与学科理论融合、跨专业能力融合、多学科项目实践融合内容	
	3. 要保障教学资源的优质性与适用性，课程与行业企业合作编写工学结合特色教材，教材使用制度规范；课件、案例、习题、实训实习项目、学习指南等教学相关资料齐全，符合课程设计要求，满足线上线下教学需要	
教学组织与实施	1. 教学实施能根据课程目标、内容和学生特点，有针对性地采取项目教学、理实一体化等行动导向的教学模式。灵活运用独立学习、小组合作等学习组织方式，实现有效、高效教学，体现学生学习的主体地位	25
	2. 要灵活运用多种有效适当的教学手段，协调传统教学手段和信息技术的应用，优化教学过程，提高教学质量和效率，取得实效	

上篇 理论研究

标准指标	指标观测点及描述	分值
教学评价	考核方式要多元，丰富探究式、论文式、报告答辩式等作业评价方式，要体现过程评价，加强非标准化、综合性等评价，评价手段恰当必要，契合相对应的人才培养类型。学生线上自主学习、作业和测试等评价与参加线下教学活动的评价连贯完整，过程可回溯，诊断改进积极有效	15
改革与创新	1. 改革要迭代优化，要有意识地收集数据开展教学反思、教学研究和教学改进。在多期教学实验中要进行迭代，不断优化教学的设计和实施 2. 能较好地解决教学中的难点、痛点问题。在树立课程建设新理念、推进相应类型高校课程改革创新、提升教学效果方面显示了明显优势，具有推广价值	15

这样的标准设计，既有"金课"的通用属性，即"高阶性、创新性和挑战度"，又突出中职"金课""职业""融合"等独特性。

"金课"不仅仅是一种口号，更是教育者的行动指南，中职"金课"建设任重道远。对于中职"金课"的价值导向与建设标准的研究，有助于让中职课程建设不跑偏，突出中职"金课"建设的独有特色，形成中职别具一格的"金课"教学体系，使课程能够更好地为学生可持续发展提供助力，同时提升教师团队教学、科研创新水平。

参考文献：

[1] 李志义. "水课"与"金课"之我见 [J]. 中国大学教学，2018（12）：24—29.

[2] 柴勤芳. 对高职教育"高等性"与"职业性"融合的思考 [J]. 中国高教研究，2012（5）：95—97.

[3] 王伟毅. 关于高职院校"金课"建设的探索与思考 [J]. 开封教育学院学报，2019（8）：155—156.

以培养中职生计算思维为导向的
递归算法教学策略探究

计算思维自2006年周以真教授首次在ACM会刊上提出后，科学家、教育同行等便对其展开了深入研究。2010年，在第六届大学计算机课程报告论坛上，陈国良院士第一次正式提出"计算机基础课程教学改革要以计算思维能力培养作为导向"，教育部2017年颁布的《普通高中信息技术课程标准》、2020年颁布的《中等职业学校信息技术课程标准》均把"计算思维"作为信息技术课程核心素养之一，并重点强调要把计算思维培养贯穿于信息技术教育中。至此，以计算思维为核心的计算机类课程教学改革纷至沓来。

而程序设计教学以其在逻辑思维、算法设计和创新能力培养上的特有潜能成为计算思维培养的有效途径。程序设计中涉及很多算法，比如迭代法、递归法、枚举法、递推法、回溯法等，其中递归法能很好地让学生体会如何用计算机思维分析问题、抽象问题特征，进而利用计算机自动化解决问题。但面对递归算法，普遍认为是程序设计课程中必有的内容，教师难讲，学生难学。而以往的研究对象多为大学生或普通高中生，如何让文化基础相对薄弱（特别是数学运算不熟练）、逻辑思维能力欠佳的中职生理解递归、掌握递归思想并学会用计算思维的方法设计递归算法，这一方面的研究随着越来越多的中职生参加专业技能考证及升学考试，越发显得重要，是值得我们深入探讨的教学新课题。

上篇 理论研究

一、以往中职中递归教学的情况

在以往的递归教学中，中职教师往往没有考虑授课对象的特殊性，而是选择跟大学生或普通高中生一样，将递归教学重点放在基本概念和技术性的迭代上，强调编程能力训练而忽视学生思维力及创造力的培养。多数情况下都是教师先直接介绍递归概念，针对递归问题解释算法，教师因过多解释而在台上唱独角戏，学生觉得概念枯燥，不易理解，没有共鸣。接着举例子演示，而所选案例多数学上比较直观的求阶乘或斐波纳奇数列，对于中职生来说，数学问题是其学习的恐惧点、难点，会觉得乏味没有实际应用价值。编程代码演示时也仅有寥寥数行，看似简单，但递归怎样执行，学生并不理解，也未能抓住递归思想本质，更别说让学生独立设计递归函数去解决实际问题。所以说，以往中职递归教学未能让学生掌握递归的精髓，即问题的分解、抽象及自动化，未能让其感受到算法的逻辑魅力和精巧之处，更谈不上有效落实计算思维，提升学生借助计算思维解决现实问题的能力。

二、以培养计算思维为导向的递归算法教学

以计算思维为导向的教学应有感受思维、建立思维、强化思维和运用思维等过程。

（一）引入生活实际认识递归现象，感受思维

中职学生有其特殊性，其认知程度决定了我们在教学中要注重具象和抽象之间的关系及平衡，避免空洞讲授。首先可以让学生找找日常生活中的递归现象。如图1所示的俄罗斯套娃、"像中

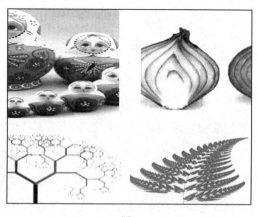

图1

像"、洋葱剖面以及树和树叶等，均可见递归现象的影子。也可选择熟悉的故事作为引入，如"老和尚给小和尚一层一层讲故事"可见递归。还可从如图2的"项目审批链"或图3"商场积分"等实际生活情境问题分析递归现象。选择用常见递归现象进行展示，能让学生对递归有个感性认识。通过将递归现象与学生身边的生活和实际问题相结合，让学生更容易接受和理解递归呈现的逻辑关系。

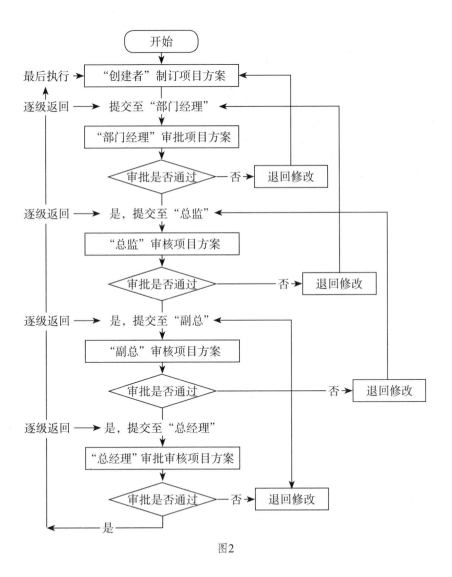

图2

上篇 理论研究

图3

其次，通过递归数学公式的展示，让学生对递归函数有个初步认识。这里我们可以选择相对简单且学生比较熟悉的求阶乘公式：

$$n! = \begin{cases} 1, & \text{当} n = 0 \text{或} 1 \\ n \times (n-1)!, & \text{当} n > 1 \end{cases}$$

教师通过板书演示引导学生推导得出其对应的递归函数（程序代码使用Python编写）。

```
def digui(n):
    if n==1:
        return(1)
    else:
        return n*digui(n-1)
n=int(input("请输入n的值："))
print(n,"的阶乘为：",digui(n))
```

由较为浅显的例子类比递归的概念，转而对"代码"的理解，通过递归程序初识递归过程和递归特点（有去有回，还必须有一个明确的结束递归的"递归出口"），让学生从生活实际过渡到数学建模有个初步体验，感觉思维。

（二）构造问题情境理解递归思想，建立思维

递归思想的重要核心就是把大问题分解成与原问题相同或相似解法的小问题。在介绍一些经典模型时，要构造类似的情境，并把递归思想融入分析问题的过程中，让学生体会递归思想的奥妙。不能为讲递归而单纯地讲递归，例如斐波纳奇数列，如果只讲如何设计递归函数求斐波纳奇数列的第n项，则教学就会有浅尝辄止的感觉，学生难得其味。若只讲递归的实现方法，学生会觉得："这个数列明明用循环就能直接实现，为什么还需要用递归呢？"如果我们把问题情境化一下，如设计成前面"商场积分"，或者"爬楼梯问题"，或者"铺地砖问题"，虽然问题本质上也是求斐波纳奇数列，但对学生学习更有想象空间及动力。具体设计可以如下。

例1：假设你正在爬楼梯，一次可以爬1或2级台阶，如果有n级台阶才能到达楼顶，一共可以有多少种走法？

例2：有一长为n（$1 \leq n \leq 10$），宽为2的矩形地板，现用1（长）×2（宽）的瓷砖来铺设，能有多少种不同的铺法？以2×2的矩形为例，就有如图4所示的两种铺法。

上篇

理论研究

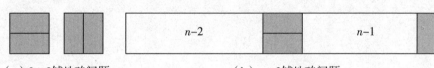

（a）2×2铺地砖问题　　　　　　　　　　（b）n×2铺地砖问题

图4

　　分析此类问题，我们最好借助模型图引导学生把大问题分解成规模小的子问题。例如爬楼梯，如图5所示，我们想象自己已经站在第n级台阶上，那么我们上一个位置只能在第$n-1$或者$n-2$级台阶上。比如我们在第3级台阶上，我们上一个位置就在第1或者第2级台阶上。也就是说我们到达第3级台阶有两种情况，分别计算这两种情况并相加即可，即到达第1级台阶的方式数"1"加上到达第2级台阶的方式数"2"，结果为3。同理到达第n级台阶的方式数$f(n)$就等于到达第$n-1$级台阶方式数$f(n-1)$与到达第$n-2$级台阶方式数$f(n-2)$之和。这就是一个斐波纳奇数列，一个递归的过程（自己调用自己只是传入参数不同）。与爬楼梯一样，铺瓷砖从最后的一次铺设来考虑，如图5所示，如果是竖铺，则前面是n-1的铺瓷砖问题；如果是横铺，则前面是n-2的铺瓷砖问题，还是斐波纳奇数列，共有$f(n)=f(n-1)+f(n-2)$种不同的铺法。

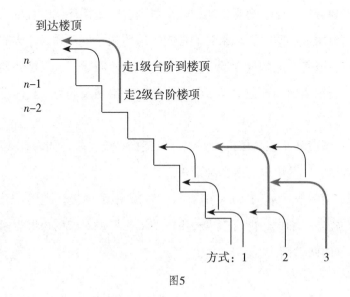

图5

借助"递归解决爬楼梯问题""递归解决铺地砖问题"等微课，以动画形式直观帮助学生理解递归。由于上述例子的边界条件跟传统的斐波纳奇数列不一样，学生加深了对终止条件（边界值）重要性的认识，充分理解递归之递推（大事化小）与回归（由小及大）思想，掌握递归解决问题的一般性思路，建立递归思维的概念和形态。

（三）借助游戏互动抽象递归过程，强化思维

游戏永远是学生最感兴趣的话题，游戏教学法也经常被教师用来突破教学难点。汉诺塔问题是经典的递归命题，且有一定的趣味性，容易激发学生的兴趣。在本教学内容中教师可以以"汉诺塔游戏"为切入口，让学生玩汉诺塔游戏，看谁玩的层数多，让闯关层数最多的学生分享游戏心得。然后引导他们思考规律，使其由感性体验上升至理性分析。引导学生分析总结汉诺塔游戏攻略时可采用三个分析工具。一是符号标记，即将具体操作抽象成符号标记，借助符号记录思考过程。二是归纳法，即通过归纳第一、二关的移动过程，推理第三关的移动过程，进而通过第 $n-1$ 关推理第 n 关的移动过程。三是整体系统性思维，即要把起始柱A上最底下的大塔盘移至目标柱C，就先得把上面的 $n-1$ 个塔盘看成一个整体并把这个整体借助C柱移至辅柱B，则A柱上最底下的大塔盘可直接到C，然后还是把B柱上的 $n-1$ 个塔盘看成一个系统的整体借助A柱移至C柱。通过整体系统的方法让学生更容易理解递归算法的框架，而递归的过程是利用计算机本身的函数调用机制达到自动化执行，无须过分关注 $n-1$ 个塔盘的具体移动过程，要把其抽象成一个已解决的整体。最后辅以符号简化，可以最终得到一个清晰、固定、简洁的递归表达，过程如图6所示。

上篇 理论研究

#第1关，移动1个塔盘的过程 defhanuota（1） Move（1） #移动1层塔盘从A至目标柱C	#第2关，移动2个塔盘的过程 defhanuota（2） hanuota（1）#移动前1层塔盘至辅柱B Move（2）#移动第2层塔盘从A至目标柱C hanuota（1） #将前1层塔盘从辅柱B移至目标柱C	#第3关，移动3个塔盘的过程 defhanuota（3） hanuota（2）#移动前2层塔盘至辅柱B Move（3）#移动第3层塔盘从A至目标柱C hanuota（2） #将前2层塔盘从辅柱B移至目标柱C
…… ……	#第$n-1$关，移动$n-1$个塔盘的过程 defhanuota（$n-1$） hanuota（$n-2$）#移动前$n-2$层塔盘至辅柱B Move（$n-1$）#移动第$n-1$层塔盘从A至目标柱C hanuota（$n-2$） #将前$n-2$层塔盘从辅柱B移至目标柱C	#第n关，移动n个塔盘的过程 defhanuota（n） hanuota（$n-1$）#移动前$n-1$层塔盘至辅柱B Move（n）#移动第n层塔盘从A至目标柱C hanuota（$n-1$） #将前$n-1$层塔盘从辅柱B移至目标柱C

图6

整个游戏过程从让学生用自然语言描述玩转汉诺塔攻略，过渡到用符号描述递归算法，让学生自主体验，并积极用语言表达，配以汉诺塔实物及动画演示，将思维可视化，培养学生由具象思维向抽象思维过渡，强化学生问题分解、抽象建模、利用计算机自动化的思维训练。

（四）注重相互迁移设计递归算法，运用思维

著名心理学家奥苏伯尔曾说过："任何有意义的学习都是在原有学习的基础上进行的，有意义的学习中一定有迁移。"教学时有意识地运用学生已有的知识或教材以外的素材、案例对所教学的内容进行分析，这就叫知识的迁移。通过"举一反三""由此及彼""触类旁通""闻一知十"等方式让学生对知识的理解更透彻，利用学生最近发展区达到知识的融会贯通，培养其知识和思维迁移。因此在学生掌握了递归算法知识点的基础上，我们可以设计环节让学生通过小组讨论、合作探究等方式做相应练习，从实际问题出发，通过分析问题，抽象出递归模型，编写递归算法代码，达到利用计算思维解决整个问题的目的。练习设计可以如下。

练习1：将爬楼梯问题修改为某人一次可以爬1或2或3级台阶，如果有 n 级台阶才能到达楼顶，一共可以有多少种爬法？

此练习设计是对前面爬楼梯问题作了条件修改，从相近问题出发，鼓励学生独立思考，应用已学知识，通过对比分析、讨论确定单层递归的逻辑（解决问题的通式）为 $f(n)=f(n-1)+f(n-2)+f(n-3)$，边界条件为 $f(1)=1$，$f(2)=2$，$f(3)=4$，使问题得以解决。这既巩固了递归算法知识，提升设计递归算法能力，同时这一问题的解决过程也是递归思想的体现（由新到旧，找到关键边界值），达到利用递归算法提升学生计算思维能力以及运用思维解决实际问题的目的。

练习2：用递归函数绘制出如图7所示的分形树。

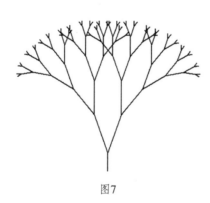

图7

如果没有接触过递归算法，在树的分权不多的情况下，学生只能靠逐一穷举，但是分权一多，学生就会感到无从下手。教师可以利用此练习设计引导学生把大问题分解成小问题，扩大递归算法的应用。

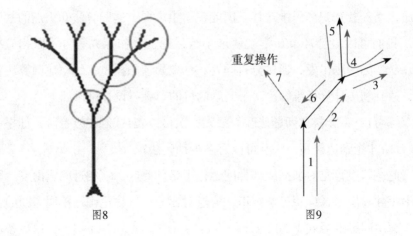

图8　　　　　　　　　　　　　　　　图9

教师可引导学生先把分形树拆开来看看，借助图8的简单分形树帮助学生发现树的分枝都是一样的，具有相同的结构。这个相同的结构就是我们要解决问题的通式，即形式化表达，也就是设计画分形树的递归函数draw_tree（n）。同时借助表1及图9帮助学生将分析步骤分解开来，引导与发掘学生的迁移思维。

表1

序号	步骤描述	代码编写
第一步	让turtle向上走一段初始距离n	turtle. forward（n）
第二步	向右转一个角度（如20），再画一个小一点的分权（把图9中2、3、4、5、6看成是一个整体，提取重复的逻辑）	turtle. right（20） draw_tree（$n-10$）
第三步	向左转一个角度（右转角度的2倍，如40）再画一个跟第二步一样大小的分权	turtle. left（40） draw_tree（$n-10$）
第四步	向右转一个角度（跟第二步角度大小一致，如20），再退回走一段跟第一步一样大小的距离	turtle. right（20） turtle. backward（n）

同时，还要明确递归的终止条件，即分形树最小分枝要画到什么样的大小，那么我们上述的步骤都应该在"if n>此大小"条件下进行。最后把turtle速度设置得慢一点，从最简单的最底层的两个分枝看看绘制的过程，将思维可视化。此练习设计主要为让学生从前面所学递归问题情境中

抽取与新情境中共性元素，并从已有知识与能力中触类旁通，进而迁移思维与能力至利用递归绘制图形，运用思维举一反三，检验思维。

综上所述，递归算法是计算思维的重要思维方式之一，因此将以计算思维为导向的递归算法教学改革非常有必要。特别是对于中职生，不能以普通高中生教学方式对待，更不能套用高职生或本科生的教学模式。中职生递归算法的教学需从学生生活体验出发，创设一定的情境帮助学生理解递归现象和递归的核心思想，借助信息化手段让学生自主体验、用语言表达，引导其形成一定的思维来抽象递归的执行过程，并运用计算思维的方法来设计递归算法。

参考文献：

［1］朱君波，龚沛曾，杨志强.以计算思维为切入点的递归算法教学改革［J］.计算机教育，2017（7）：30—33+37.

［2］傅骞，王钰茹.面向计算思维培养的编程教学研究——以高中生Python编程教学为例［J］.创新人才教育，2019（9）：47—54.

［3］徐安西.浅谈递归算法的教学策略［J］.中国新通，2022（0）：170—171.

上篇 理论研究

基于"金课"建设，打造教师教学
创新团队的实践与思考

2018年，教育部陈宝生部长在新时代中国高等教育工作会议上首次提出"金课"建设要求，即"全面梳理课程教学内容，淘汰'水课'、打造'金课'，合理提升课程挑战度和高阶性，突出职业性，切实提高课程教学质量"。这一标准的提出为职业院校的课程建设和教学设计提出了新的指导方向，同时也向职业院校教师要由个体发展到教师创新团队建设提出新要求。"金课"建设和教师创新团队建设之间有着密不可分的联系，"金课"建设有赖于优秀的教师团队，建设"金课"为教师个人发展提供了空间。笔者所在学校以"PS图像处理"线上线下混合式"金课"建设为契机，依托教师创新团队的建设，在"金课"建设和教师创新团队建设有机结合方面进行了积极探索与实践，使"金课"建设取得事半功倍的效果，也为培养德技并修复合型技术技能人才增值赋能。

一、充分认识教学创新团队在"金课"建设中的作用

教学创新团队是以课程建设与教学改革为主要任务，由为数不多的愿意为共同的教学研究目标而相互承担责任的专业教学人员组成的群体。教师是一种具有独立性的学术职业，但很多教学和科研工作往往需要教师之间、教师与企业师傅之间的交流、沟通与合作，尤其在职教20条颁布

之后，服务职业教育高质量发展和"学历证书+若干职业技能等级证书"（简称"1+X证书"）制度试点需要，加强教学创新团队建设更是显得十分重要。然而，由于受历史、传统、体制等各种复杂因素的影响，职业院校特别是中职学校教学创新团队建设情况并不理想，课程建设中的个体作业现象十分普遍。教师个人能力的大小决定了课程的教学质量和效果。同时，随着教师教学科研工作量的增加，教研活动日益减少，无法满足中等职业教育发展的需要。面对这种情况，充分认识教学团队的作用，并以这种新型的教师组织来促进"金课"建设是很重要的。

（一）教学创新团队建设有助于促进团队学习

即把个人掌握的新知识、新思想以及成功和失败的经验教训在团队中传播，形成团体知识共享和知识创新，使团体智慧超过个体智慧。在教学创新团队建设中，团队成员以多样的观点探讨学科建设中出现的新问题和复杂问题，提出个人假设，彼此交换想法，每个人都可以从他人那里得到启发，提升自己的认识高度。通过教学创新团队建设能够促进团队学习，从而达到提高教学效果和质量的目的。

（二）教学创新团队建设有助于促进人才梯队建设

实现校企"双元"育人、培养德技并修复合型技术技能人才是目前职业教育发展的共同长远目标。人才战略和人才梯队建设是实现这一目标的重中之重。发挥以知识传递和共享为特征的团队学习优势，通过加强青年教师培养和团队激励等环节，打造具备可持续发展的高素质"双师型"教师教学创新团队是实现人才战略的重要方法。教学创新团队以校企之间的融合与协作为纽带，按专业领域加入团队建设协作共同体，合作完成专业人才培养方案制（修）订、教学改革、课程建设等任务，以深化教育教学改革创新为举措，推进人才培养质量持续提升，并通过建立竞争、激励机制和完善管理制度，创造宽松而严谨的学术环境，有利于建设创新意识强、教学水平高、协作精神好的高水平教师队伍。因此，将教学创新团队建设作为一种制度加以制定和完善，有助于中职学

上篇 理论研究

校人才梯队建设。

（三）教学创新团队建设是"金课"建设的重要内容

教学创新团队是教育部根据《国家职业教育改革实施方案》决策部署的建设工程，也是"中职教育教学质量与教学改革工程"中的一个重点建设项目。而"金课"，又称为一流课程，是指金课建设计划的10000门左右国家级一流课程和10000门左右省级一流课程。"PS图像处理"线上线下混合式金课建设是我校申报的广东省中等职业教育教学改革项目。根据相关文件要求，"PS图像处理"线上线下混合式"金课"建设要重点抓好六个方面的工作：制订科学的建设计划，切实加强教学队伍建设，重视教学内容和课程体系改革，注重使用先进的教学方法和手段，重视教材建设，建立切实有效的激励和评价机制。教师队伍是否具有一流水平是"金课"建设的关键，而"金课"建设对中职学校教师队伍建设也提出了更高的要求。建设教学质量高、结构合理的教学创新团队就是建设一支能够实施"金课"建设、"金课"教学的教师队伍。

二、以教师创新教学团队建设为标准，加强"金课"师资队伍建设

（一）构建结构合理的教学团队

"PS图像处理"是学校计算机应用专业广告设计方向与电子商务专业网店美工方向的必修课，任课教师无论是在学术研究上还是知识传授上，交叉合作越来越多。教学团队的组建，为教师的紧密合作提供了一个高效率的平台。因此，在"PS图像处理"线上线下混合式"金课"建设中着重进行了教学创新团队建设的实践探索。

1. 选择合适的教研团队成员

教师是构成教研团队最核心的力量，选择能力较强又具有协作精神的教师组成"PS图像处理"课程教学团队。作为团队成员，他们注重坚守专业精神和工匠精神，践行社会主义核心价值观，以德立教，广受师生好

评。且都具有良好的团队合作精神，乐于和其他教师共享知识信息、共同探讨教学方法或科研项目，期望通过团队协作实现个人目标。课程负责人是教学团队建设的核心，选择师德高尚、治学严谨、学术水平和教学水平"双高"的教师做团队的课程负责人，可以在团队中起到教学引领和示范作用。

2. 构建完善的教学团队组织结构

在配置"PS图像处理"线上线下混合式"金课"建设师资队伍时，充分注意到教师的学科专长、"双师型"和梯队。因而精心设计了三大梯队：第一梯队，学术和专业带头人。该课程负责人是一位具有较高的科研水平、相关专业背景和丰富实践经验的高级讲师，能正确把控团队的进行方向。第二梯队，骨干力量。主要由学校与合作企业中的青年教师和资深设计师组成。学校教师都是具有学士学位的讲师，其中课程主讲教师中有两位分别是电子商务专业和计算机应用专业负责人、学科带头人。企业讲师是有五年以上相关工作经验的广告设计师。第三梯队，学术发展力量。主要由具有学术发展潜力的拥有较高学历的青年教师组成，这样的梯队结构为金课建设的可持续发展提供了保障。

（二）制定切实可行的团队发展目标

团队目标必须具体而且具有可执行性，只有在完成共同目标的框架下，教师教学创新团队中的校内教师和产业导师才会认可双方的优势、包容对方的劣势，提升凝聚力，从而形成强大的合力。按照《全国职业院校教师教学创新团队建设方案》等文件要求，教师教学创新团队的目标就是"在团队成员共同参与、分工协作的基础上，重构专业能力模块化课程体系，创新模块化教学模式，完成复合型技术技能人才的培养，促进学生成才、教师进步、企业发展"。"PS图像处理"课程教学团队基于"目标任务化，任务过程化，过程操作化，结果可测化"的原则，鼓励教师个人自行制定发展目标和行动计划，同时将创建优秀的精品课程教学团队和培养合格的中职生作为团队发展的共同的长期目标，通过制定切实可行的团队

上篇 理论研究

发展目标为整个团队成员树立共同的发展目标和价值观。

（三）大力推进课程建设与改革，促进教师教学团队建设

1. 以教学内容和课程体系建设促进团队建设

以"教学为根本，科研为支撑，社会为导向，成果进教学"为指导思想，以教学质量的提高为核心，以打造"金课"为龙头，以课程教学内容、教学模式、教学方法与手段研究为重点，让科研走入课堂，将成果引进教学。深入开展教学内容和课程体系的建设，在现有课程体系的基础上调整构建更加科学合理、更加适应社会需要的课程体系。

"PS图像处理"课程设计坚持从平面设计、综合艺术设计等职业岗位能力分析出发，基于岗位需求和工作过程重塑课程目标与内容。利用超星学习通平台建立在线课程，通过自建与利用线上PS相关"金课"资源本体化打造本校特色化教学资源。采用"赏、教、学、做、创、评"线上线下混合式一体化教学，与企业产教融合，课堂作业产品化。通过以上改革建立起完整的、教学内容先进和特色鲜明的、结构合理的教学内容与课程体系。进一步更新职业教育教学理念，提升教师模块化教学设计实施能力，推动信息技术与教育教学融合创新，促使教师开发专业教学资源和在线课程，并广泛应用于教学实践，全面建立多层次、多模式、高效、开放的专业教学体系。

2. 以教材建设促进团队建设

现有的"PS图像处理"课程的教材种类繁多，难易程度不一，且多数存在着老化滞后性，在知识更新、面向市场培养专业人才等方面均无法满足社会发展和人才竞争的需求。因此，重新定位课程目标，完善课程内容，编写和使用精品教材成为"金课"建设的重要工作。

课程教学团队对教学内容进行全新架构，依据平面设计、影楼、媒体公司等企事业单位相关工作岗位需求重新定位课程目标，基于工作过程设计了学习情境，每个学习情境再设置3~4个子情境，比如海报设计制作就是由海报设计定位、海报创作和海报印前校样3个子情境组成的。按照学

习情境设计了活页式教材，在教材的编写中特别注重"金课"底色——课程思政的无声融入。教材编写是一个反复打磨的过程，教学团队紧跟学科理论前沿，对接岗位实际，不断提升编写质量和水平，力求把团队编写的教材打造成为精品教材。

3. 不断推进教学改革和研究促进团队建设

根据"PS图像处理"学科的特点，提出了明确的教改思路：师德教育与业务并重，教学与科研结合，知识传授与能力培养融合，形成富有特色的人才培养模式。同时，注重将教学改革和研究同地方经济发展和社会需求紧密结合起来。与地方企业形成密切的产学研合作关系，充分利用企事业单位和科研单位所特有的环境和资源，进行优势互补，加强教学改革与教学研究，强化实践、理论教学新概念，注重科研对教学的带动作用，科研和产业促进了教学内容和手段的更新，有利于学生创新精神和实践能力的培养，有利于教师学术能力和教学水平的提高。根据专业建设及经济建设的实际需要建立开放的专业建设指导委员会，指导专业建设和教学改革，监控专业教学质量，促进专业建设，增强办学活力，以就业为导向，建立产学研结合的长效运行和管理机制。

通过近两年的努力，学校"PS图像处理"线上线下混合式"金课"建设取得了一定的效果。团队承担了省级教学改革和研究项目2个，发表教学研究论文多篇，目前在线上学习平台——超星学习通的任务点为94个，作业库1个，考试库1个，章节测验7个，课后拓展资源20个，面向校内校外班级已达6个。初步形成了一支以青年教师为基础、骨干教师为中坚、专业素质强、教学水平高、综合素质优、职称、学历、学缘、年龄结构合理的师资团队。

加强教学创新团队建设在一定程度上解决了传统教学中教师个人的能力是影响一门课程教学质量的关键因素的问题，实现从单门"金课"到"金课"体系，从"金师"个体到"金师"团队的良好发展。因此教学创新团队建设不仅是建设"金课"的需要，也是职业院校提高教学质量、促进师资队伍建设的有效途径。

参考文献：

［1］刘宝存.建设高水平教学团队，促进本科教学质量提高［J］.中国高等教育，2007（5）：29—31.

［2］柳礼泉，陈宇翔.精品课程建设与一流教师队伍培养［J］.高等教育研究，2007（3）：81—85.

基于"三个融合"的项目阶段性
考核的探索与实践

一、背景

当前，我国社会经济正在迈向高质量发展，急需大批的高素质技术技能人才，这也是职业教育高质量发展的大时代。然而职业教育特别是中职教育人才培养与社会经济发展和产业转型升级要求不匹配的矛盾长期存在。加上近年来国家在职校生升学上政策利好频出，部分学校在办学导向、学生评价等方面出现偏差。而对于承担着落实教育理念、实现教育目标重要使命的课程，其评价也多存在着"期末考试一考定成败，死记硬背突击能过关"的考试评价方式。虽有部分学校尝试形成性评价，但也因评价方式简单、评价内容片面、评价主体单一和评价结果使用不当等问题致使中职学校在人才培养目标上发生偏离。为改变这一现状，我校对开设的课程，特别是专业课探索了基于"思政融合、产教融合、多元融合"的项目阶段性考核，期望通过抓好课程评价改革"指挥棒"，以新的评价模式为我校教育教学改革发展导航，逐步提升中职生的培养质量。

二、探索与实践

2020年10月，中共中央、国务院印发了《深化新时代教育评价改革总体方案》（以下简称《总体方案》），《总体方案》的出台，对职业教

上篇 理论研究

育的评价导向、评价方式、评价主体、评价机制等方面提出了新要求，明确指出要"改进结果评价，强化过程评价，探索增值评价，健全综合评价"。我校以"厚德、砺志、精技、立业"为培养目标，重点关注学生增值评价，坚持评价导向的正确性，创新评价标准，探索评价内容的项目化和实战化、评价主体的多元化，注重评价方式的互动性。

（一）开展专题调研，确立项目阶段性考核目标链

学校围绕"加强阶段性考核，深化课程评价改革创新"这一目标，开展了"课程项目阶段性考核"专题调研活动，根据调研结果制订了《饶平县贡天职业技术学校项目阶段性考核实施方案》，确立了项目阶段性考核目标（过关率）、考核课程、考核对象、考核形式。成立考核委员会组织机构，明确考核委员会分工与职责、考核项目、考核时间与地点、考核流程、考核评定标准等，制定配套的考核工作评估表、课程质量诊断分析表、项目阶段性考核成绩汇总表等表册，构建上下联动机制，做到师生入脑入心。

（二）落实工作方案，建立项目阶段性考核标准链

考核各专业组（教研组）依据学校总方案，制订具体迎检备测方案，组织组员进行组内研讨，成立命题组设计每门课程2~3个进阶式的考核项目，同时制定考核标准，使教师明确教学方向，学生掌握学习目标，双向促进教与学，更好提升课程考核过关率和教学质量。

考核项目的设计及考核标准的制定必须基于以下原则。

1. 思政融合，体现"德技并修"

项目考核除了考查学生本门课程专业理论、技能水平的掌握情况，还从两方面体现"德育"和"课程思政"：一是"德育"一票否决制，对于提交的考核项目作品（作业）中有严重不符合社会主义核心价值观的考核直接不通过；二是将课程专业知识技能与"课程思政"融合，在考核中融入课程思政考核点，要求每个考核项目必须有至少5%的分值考"德育点""课程思政点"。增加课程思政考核点比重，确保评价导向的正确性。

2. 产教融合，落实知行合一

学校每个专业均有较为固定的校企合作企业，各类课程要求尽可能地以"校企合作、工学结合"为原则项目化（任务化）教学，坚持"理论课程实务化，实务课程实战化"。每门课程精选2~3个与实际岗位相匹配的典型工作任务作为考核项目，这2~3个项目可以是进阶式的，让学生以"游戏打怪"的模式进行"闯关升级"。同时考核中要求学生以团队合作，按照企业通用的成果标准，实战或仿真地完成工作任务。考核标准除了考查学生专业知识和技能应用是否符合行业（企业）标准和操作规范，还有职业信念、职业行为习惯等。既提升学生学习内驱力，又强化理实一体，确保评价结果的延续性和关联性。

3. 多元融合，让评价更立体

传统的考核仅依赖标准答案和教师单一评价，导致学生学业不良，厌学，缺乏良好的学习习惯，甚至以无所谓的态度来消极对抗。项目阶段性考核评价从评价主体、评价手段、评价对象、评价结论等方面搭建立体、多维的评价体系。从评价主体看，既有学生自评也有团队他评，既有师评也有生评，既有学校评价也有企业评价，既有人的评价也有超星等学习平台（问卷星等软件）的评价；从评价手段看，既有主观评价也有客观评价，既有师生现场评价也有企业远程评价，既有班级封闭评价也有班级外的开放评价，既有作品（作业）评价也有量表评价；从评价对象看，既有结果评价也有过程评价，既有知识技能评价也有职业素养和"课程思政"评价；从评价结论看，既有对个人的评价也有对小组、专业班级等团队的评价，既有现状评价也有趋势评价，项目考核成绩与前一任务比较，进步≥5分的，还可再增分，在项目完成过程中被评为"××星"的也可增分。

（三）对标"双链"，保质推进

为保证考核工作的严肃性和有效性，在主管领导的带领下，教务处积极发挥督导作用。期初布置各专业（教研）组上交各门课程考核项目规划表及评价标准，然后按照时间排列出考核时间表及考核小组评委安排。学期中间，各考核小组按照安排表组织考核评委按时参加考核并给出考核结

上篇 理论研究

果，及时进行分析，同时向组长汇报，教务处汇总考核结果并公布。期末教务组组织各考核小组对各考核项目从准备阶段、实施阶段、结果等三个方面对考核工作开展情况进行评估打分，打分结果纳入对课程任课教师及专业（教研）组的考核。同时开展评教工作，从学生评价到项目阶段性考核结果，从同一年级不同班级考核结果比对，到不同时期相同年级层次考核结果的比对，多维度评估促使专业（教研）组、教师抓课程建设情况，以评促教，以评促学，形成良性循环。

三、成效与经验

（一）项目阶段性考核覆盖面稳步提升

2017年秋季评价改革初始，学校是从机电、计算机应用、电子商务和汽修4个专业选18门课22个项目尝试。然后2018年、2019年这2年探索持续深入这4个专业的更多专业课进行，2020年扩大到学前教育专业，2021年扩大到会计事务专业，2022年、2023年项目阶段性考核扩展到其他公共文化基础课，巩固改革成果。至此，全校共有63门课程实施项目阶段性考核，占所开设课程（104门）的60.6%。

（二）学生自主学习情况有较大改善

"基于三个融合"的项目阶段性考核在推动学生自主学习方面发挥积极的导向作用。首先是转变了评价理念，破除了"分数至上"，通过"多把尺子"的测量，让学生的各种成就、亮点、优势、特长等浮出水面，缓解原有的自卑心理，点燃心中的"火种"，赋能自主学习。其次是阶段性评价注重学生自我纵向发展与努力的程度，帮助学生找到自己现有状态与标杆之间的差距，寻求成长的增量，进而自我导向、自我激励、自我监控地学习。项目阶段性考核推行至今，学校实训室的利用率逐年提升，图书馆文献资源利用率有较大幅度的提升，校企联合的竞赛中学生参与度与作品利用率也不断提升。每个项目考核前学生三五成群废寝忘食地研讨、打磨作品随处可见，机房经常安静得只有噼里啪啦的键盘声和嗒嗒嗒的鼠标声，车工工场、舞蹈室、琴房等实训场室随处可见学生埋头苦练的身影。

近三年，学生参加广东省专业课程技能考核、全国计算机等级证书、行业1+X证书等人数逐年增加，通过率也都在80%以上。

（三）有效推进了课程教学改革

评价既是对课程教学改革的监督，也是对成果成效的检验。以评价为导向，倒逼课程教学的改革。"三个融合"要求让课程结构、教学生态、教学情境、考核评价都发生了变化，教师们会主动与行业企业对接，课程内容能基于工作过程、对接职业标准按项目化进行重组，线上线下混合创新教学模式，科学设计评价方案，借助信息手段助力实施多元评价。近三年学生对实施阶段性考核改革课程的总体满意度为92分以上。绝大多数学生认为改革让自己"爱学了""学会了""会学了"，也让自己更自信了，可以胜任专业对口的工作岗位。而围绕这些方面的改革创新让学校近三年来教研教改成绩提升了，其中省级教育教学改革立项3个，结项2个；省级精品在线课程在建1门，校级精品课程8门；省级以上获奖的课程思政典型案例3个；教师参加省级以上教学能力比赛获奖16人次等。

实践证明，基于"三个融合"的项目阶段性考核，对于提升学生学业挑战度、实现管理"严起来"、促进教风学风建设、提升教学质量具有重要意义。但是，由于课程性质的不同和教师个体的差异，考核的效果也不尽相同。学校将进一步探索线上线下结合的考核管理机制及流程，强化考核的实施管控，不断提升考核的实施效果，促进学校培养更多符合社会经济高质量发展需求的技术技能人才。

上篇 理论研究

中 篇

教学实践

"专业+"劳动实践，助力乡村振兴

——"我用专业办实事，乡村振兴我助力"劳动教育课程

一、课程背景

2020年教育部印发《大中小学劳动教育指导纲要（试行）》（以下简称《指导纲要》），明确指出职业院校要重点结合专业特点，运用专业技能为社会、为他人提供相关公益服务，提高职业劳动技能水平，培育社会公德，厚植爱国爱民的情怀。要注重结合产业新业态、劳动新形态，选择现代农业、工业、服务业项目，提升创造性劳动能力。饶平县是农业大县，全面推进乡村振兴、加快农业农村现代化是我县实施"百县千镇万村高质量发展工程"落地之举。而乡村振兴关键在人才，支撑在教育，尤其是职业教育。为培养心怀乡土的技术技能人才，助力乡村振兴，助力我县经济高质量发展，饶平县贡天职业技术学校把"专业+"劳动实践融入地方服务，设计并开展"我用专业办实事，乡村振兴我助力"劳动教育课程，激发学生鸿鹄之志，牢固发展根基。

二、课程拟解决的问题

结合区域经济发展特点和产业分布特色，通过落实开展针对不同专业的差异性服务性劳动实践，破解职业教育中普遍存在的重视专业技能学习而轻视劳动素养的培养、重视专业技能评测而轻视专业素养评价、重视传

统模式而轻视创新模式等现状。

三、课程实施过程（见图1）

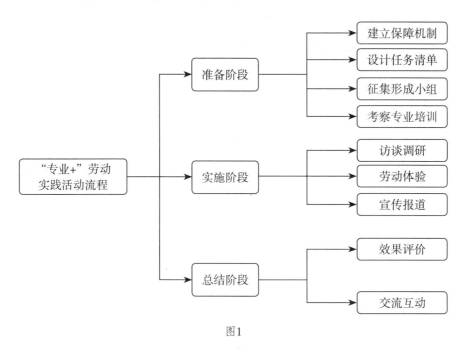

图1

（一）建立"专业+"劳动实践服务乡村振兴的保障机制

职业院校学生服务乡村振兴的劳动实践活动，参与人数多，活动范围广，指导难度大。为保证学生"专业+"劳动实践服务乡村振兴有效开展，学校通过多种渠道和方式争取乡镇政府及相关部门特别是共青团组织的关心和支持。同时主动联系校企合作企事业单位，建立较为稳固的学生服务乡村振兴的劳动实践活动基地。将短期的学生志愿者服务向长期合作共商共建共享转化，构建相应的劳动实践保障机制。

（二）设计"专业+"劳动实践服务乡村振兴活动的任务清单

以前期学校与乡镇政府、村委社区及校企合作单位的实际状况为依据进行分类，同时针对不同专业设计出可选任务清单。如表1所示。

中篇 教学实践

表1

劳动项目	可选专业	实施建议	成果评价要求
文化艺术服务	有绘画、文艺等特长的任一专业	以弘扬时代精神、倡导文明新风为目的，以反映社会主义核心价值观为主要内容，精心设计、打造乡村文化墙等乡村环境建设，编排文艺作品，开展文艺演出，丰富基层群众文化生活，助力文化振兴和乡村精神文明建设	以照片、视频等方式提交参与服务劳动实践佐证材料
教育关爱服务	幼儿保育	结合专业特点及优势，以关爱留守儿童为重点，为乡村中小学生特别是农民工留守儿童举办课业辅导、素质拓展、亲情陪伴、爱心捐赠等活动	以照片、视频等方式提交参与服务劳动实践佐证材料
家电维修与护理	机电专业（智能设备）和电子电器专业、计算机、汽修等专业	开展家电维修与护理、网络搭建、监控安装、短视频剪辑、汽车义诊、汽车美容和技术咨询等技能服务	提交服务照片、视频等佐证材料
电商扶农助残	电子商务	开展"互联网+农业"电商发展现状调研活动，为农户特别是残疾人开展产品数字化的摄影、短视频制作服务，联合农户打造特色地标性农副产品线下零售终端与线上购物平台、直播带货联合营销，助推农产品"走出去"，助力乡村产业振兴	提交数字化作品、销售数字、现场服务的照片或视频等佐证材料
乡村经济发展调研	会计事务专业	参与农村会计、审计实践工作，对乡村经济发展状况、农村企业核算与财务管理方式等进行调研并形成报告	提交调研报告

（三）宣传引导，征集形成"专业+"劳动实践服务乡村振兴活动工作小组

任务清单设计后，学校教务处根据各劳动实践项目所涉及的专业，从不同的教研组中挑选出相应的负责人及指导教师。同时联合政教处、团委通过专题班会、知识讲座、知识竞赛及线上推文等多种形式做好宣传工作，宣传内容包含乡村振兴战略的内容、目的、意义及"三农"政策等，加深学生对乡村振兴战略、"三农"政策等方面的了解。鼓励学生人人参与，每人至少选择一项参加。最后几个部门再从学生的报名情况中汇总形成多个服务劳动实践活动工作小组，每个小组一般控制在8~10人。

（四）考察交流，做好"专业+"劳动实践服务乡村振兴活动的专业培训

各劳动实践项目负责人在正式开展劳动实践活动前，需提前到各对接乡村劳动服务地进行考察，与服务地相关人员做好沟通对接，制订项目实施方案。同时各劳动项目指导教师要对参加劳动实践的学生进行专业培训，例如开展教育关爱活动，指导教师需提前组织参与课业辅导、素质拓展的学生接受一段时间的培训，对学生的思想认识进行统一，并规范学生的行为、教案等，培训结束后，需展开试教，合格后才可参与实践活动。其他专业学生也是如此，学生参与实践活动前必须接受专业培训，包括制定具体的劳动实践要求、分工及任务等，从而切实提升学生的服务能力与服务意识，保证实践活动的专业性、科学性。

（五）有条不紊进行"专业+"劳动实践服务体验

学生以小组为单位，按照既定实施方案参加相应项目的服务体验，解决好服务问题。同时做好调研记录、服务活动过程资料的积累。活动过程实时写好活动日志及报道稿，通过学校公众号或微信、抖音等进行宣传推送。最后完成调研报告或汇报总结等。

（六）评价交流，做好"专业+"劳动实践服务乡村振兴活动的经验总结

学生填写劳动实践鉴定表，完成自评与互评。上交相应评价成果，学校及服务地完成单位评价。专业组通过教研会进行交流互动，对前一阶段实践的成效展开分析与总结，并依据总结结果对劳动项目实施方案进行调整，从而保证实践服务质量。学校大会上为表现突出的学生颁发荣誉证书，并请学生代表上台分享经验，充分发挥榜样作用，提升学生服务意识

中篇 教学实践

及服务积极性。

四、实践案例及成效

电子商务专业以小组为单位，在指导老师及紫云仓等校企合作企业的帮助指导下，前往联饶镇、高堂镇、钱东镇、渔村镇等为农户开展了龙眼干、菜脯、潮州柑、杨梅等农产品的摄像、视频制作服务和电商直播促销活动（见图2），在服务劳动实践中既检验专业，提升劳动技能，又为农民增加了实际经济收入，为乡村振兴增添新动力，找到劳动价值，强化社会责任感。

图2

机电专业（包括电子电器专业）以小组为单位，在指导老师与县、校各级团委的带领下下乡开展"家电维修"与"家庭安全用电科学普及"服务劳动实践（见图3），培育学生敬业专注、吃苦耐劳、精益求精等良好的劳动品质，通过劳动成果获得专业认同感和社会责任感。

图3

　　幼儿保育专业学生以小组为单位到新圩镇长彬小学、新丰镇溇东小学、溇西小学、扬康小学及洪洲中心幼儿园、雅洲幼儿园等单位，开展主题为"暖心行动，留守儿童不孤单"的教育关爱服务实践，利用专业特长教授孩子们绘画、唱歌、做游戏，并发放礼品（见图4）。既为乡村幼儿园、小学注入新的教学理念及教学方式，也让学生在专业劳动实践中树立科学的劳动观，在为地方服务中找到劳动乐趣，进而热爱专业，专注专业。

图4

中篇　教学实践

五、课程反思

"专业+"劳动实践是职业院校区别于普通中小学的劳动教育形式，既有利于提升学生专业素养，培养良好人格，增强职业能力，也有助于提升职业院校专业建设与国家发展需求的吻合度，提升职业教育服务乡村振兴的能力及成效，推动专业内涵建设，实现德智体美劳全面发展的目标。而这样的劳动教育形式又区别于简单的志愿服务，需要在项目设计上有方案甚至是有劳动教育教案，不然很容易变为只为劳动而没有教育。因此也需要真正做好案例实施中的最后评价环节，要配套制度，让短期的服务向长期的人才培养方案中要求的劳动教育转化，真正构筑劳动教育"专业+"体系结构。

"设置动画效果——PPT相册动态片头制作"教学设计

一、课题

设置动画效果——PPT相册动态片头制作。

二、教材

《计算机应用基础（Windows 7 + Office 2010）》。

三、授课班级

中等职业学校机电专业一年级。

四、课时

1课时。

五、教材分析

本课使用的教材是中国高等教育出版社出版的《计算机应用基础（Windows 7 + Office 2010）》一书，本教材充分体现了"做中学，做中教"的职业教育教学特色。

本课内容选自教材第7章第3节任务3"设置动画效果及链接"。我立足于本教材这一节的教学目标，从学生特点与兴趣出发，对教材内容进行了一定的处理，将设置动画效果这一知识点拿出来，设计了很多有意思的实例，PPT相册是需要3个课时完成的任务，包括片头、主体（相册）和片尾三部分，每个部分各1课时，本节是片头部分，学生对实例教学兴趣很高，确确实实是在"做中学，做中教"。学生们完成任务后有很高的成就感，因此非常乐学。

本节是培养学生综合使用PPT的能力，本节课的学习为整章内容起到画龙点睛的作用。

六、教学目标

依据教材及学生特点，制定了以下三维教学目标。

1. 知识与技能

（1）学会使用自定义动画中的动作路径与其他动画相结合。

（2）理解动画效果设置中各个项的含义，并能准确处理各个对象不同动作的时间关系。

2. 过程与方法

体验制作动态片头的过程，并通过自主探究积极主动地寻找解决问题的方法。

3. 情感态度与价值观

发挥创造能力，增强合作意识，提升信息素养。

七、教学重点与难点

1. 教学重点

动作路径与其他动画相结合，合理设置各个动画不同动作的时间关系。

2. 教学难点

各个对象不同动作的时间关系（执行前后、延迟时间、动作长短、循环次数）。

设计意图：其中，各个对象不同动作的时间关系既是重点，也是难点，正确理解和学会这一知识点，是学生灵活制作动画，学会举一反三的关键。

八、学情分析

本课的教学对象是机电专业一年级学生，他们有共同的特点，喜欢有意思的任务，不喜欢理论。他们追求个性，不喜欢刻板模仿，喜欢动手实践，不喜欢被控制灌输，因此以任务为驱动，在个人实践的循序渐进的过程中掌握技能，而教师在此过程中陪伴解疑，提高学生分析问题解决问题的实战能力。

他们个性上也有着很大的差异，有的孩子沉默寡言，比起与同伴讨论更愿意自主探究，遇到问题甚至不好意思问老师。针对这样的学生，我设计制作了微课例，发到学生机上，学生可以反复观看，自主学习。

在本课之前，学生们学习过了Word、Excel、PPT的基本动画，但仅限于对同一对象做简单单一的动画，没有综合运用多种动画相结合的意识。

九、教学方法

1. 教法

（1）任务驱动

（2）分层教学

2. 学法

（1）自主探究

（2）小组合作

设计意图：俗话说："教无定法，贵在得法。"叶圣陶说："教是为了不需要教。"基于这样的理念我采用以上教学方法来培养学生的学习能力，充分体现以教师为主导，以学生为主体的"做中学，做中教"的教学原则。

十、教学准备

（1）网络教室

方便学生们互相交流，发送和接收文件。

（2）开通微信公众平台

（3）课前准备了丰富的素材和资源

①上课课件（老师准备）

②微课例（老师准备）

③学生作品评价表（老师准备）

④学生照片和图片素材（学生准备）

在教学准备方面，师生各有任务，共同完成准备工作。考虑到中职学生的特点，让他们准备自己的照片素材是一项学生非常乐意完成的工作。学生用手机或者相机自己拍摄相册需要的照片，积极主动，并且完成得很好。

（4）组建学习小组

全班共48人，采用"组间同质，组内异质"的原则，建立4个强弱搭配、团结协作的学习小组，每组指定2个组长。

十一、教学过程

采用任务驱动法，整个教学分为任务展示、任务分析、任务拓展、任务完成、任务评价和任务总结六个环节。

1. 任务展示激发兴趣（2分钟）

上课一开始，就播放PPT相册作品（见图1）。唯美的动画加上优美的背景音乐，一下子吸引了学生的注意力，随着相册动画的播放，当同学们看到自己和伙伴的照片时，兴致很高，极大地激发了他们的好奇心：这是如何制作出来的呢？作品播放完了，提出问题：以上作品包含几个部分？从而引出本节课的任务：PPT片头制作。后面两个部分变成灰度样式，让学生明白本节课的任务是第一部分——片头制作。PPT片头是如何制作出来的呢？从而自然地引入下一环节。

图1

设计意图：根据我的经验，阶段性任务比单节课的任务更能激发学生的兴趣。因此我设计了阶段性任务——制作PPT相册（需3个课时），每个课时又有不同的小任务，当阶段性任务完成之后，学生看到自己做出的完整的相册作品时，非常有成就感，从而激发学生学习的兴趣，使学生从"要我学"变成"我要学"。即使有学生某次课请了病假没来，当3个课时结束，作品需要合成的时候，学生会主动要求补齐之前没做的作品，使之完整。变"被动"为"主动"。

2. 任务分析分步讲解（**4分钟**）

（1）知识点讲解

计时选项卡中之前、之后的含义；

计时选项卡中延迟时间、速度和重复次数的设置（见图2）。

图2

设计意图： 学生不喜欢文字讲述，通过动画实例让学生明白各个项的含义和效果。通过单击文字可看到动画效果，变抽象为形象，直观易懂，学生爱听爱看。

（2）蝴蝶动画效果分步讲解（见图3）

图3

设计意图： 单击蝴蝶可以看到动画效果，让学生直观地明白同一个对象可以添加多个不同的动画效果，通过设置好时间，就可以实现蝴蝶扇动翅膀飞起来的效果。

（3）演示具体制作过程，演示完成后发给学生微课例供学生自主学习（见图4）

课上   课下

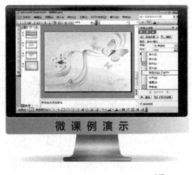 

图4

设计意图： 有些学生喜欢老师演示，有些学生喜欢自主探究，有些学生忘性大，反复喊老师辅导。为了解决这个问题，我精心制作了微课例，学生可以反复观看，也可以边看边操作。多一种方式，多一种选择。课上可以在计算机上观看，课下可以在微信公众平台上复习。

3. 任务拓展分层教学（2分钟）

第三环节教师讲解本节课的任务要求（见图5）：

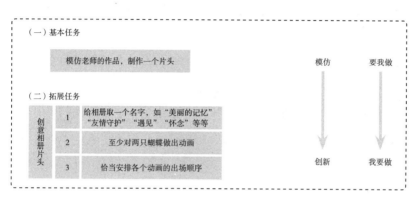

图5

设计意图：考虑到学生之间存在水平差异，我设计了两类任务：基本任务和拓展任务。设计任务的原则有两个：一是分层次，考虑个体差异；二是难度合理，既有提升的空间，又能"跳一跳就能摘到桃子"。

根据对学生的了解，有些学生特别浮躁，自以为会了，其实并没有真正掌握，因此必须循序渐进。所谓"走稳了，才能跑"。这样设计体现了从"模仿"到"创新"，从"要我做"到"我要做"的教学理念。

4. 任务完成各展所长（30分钟）

每个学生动手实践任务，通过亲手操作将本课知识点与重难点落实强化，从而达到学习目标。教师在此过程中陪伴解疑，提高学生分析问题、解决问题的实战能力。

（1）学生完成基本任务

学生遇到疑难问题时，可以通过以下方式解决。

① 询问老师——教师引导。⎫
② 小组讨论——小组合作。⎬ 突出重点，突破难点
③ 观看微课——强化感知。⎭

中篇 教学实践

多种方式供不同个性的学生选择，做到因材施教。

（2）学生完成拓展任务

① 欣赏往届学生作品——拓展思路，激发灵感。
② 创作独特个性作品——自主探究，有效迁移。 ｝举一反三，融会贯通

开放式的任务照顾了学生追求个性的需求，使大家都能充分动起来，爱上信息技术课的课堂。

设计意图：两类任务侧重的学法不同：基本任务适合小组合作，拓展任务适合自主探究，循序渐进地达成学习目标。

基本任务：观看微课—模仿制作—突出重点，突破难点；

拓展任务：欣赏往届学生作品—拓展思路，激发灵感—举一反三，融会贯通。

5. 任务评价及时反馈（5分钟）

根据任务特点制定了相应的评价标准（见图6）

B	完成基本任务	易
A	拓展任务完整，有图有文有动画，时间设置合理	
A+	作品有创新、精美、自然	难

图6

学生完成任务后，首先通过自评，组内互评，每个小组评选出两个优秀作品进行展示。再由老师和同学们共同评价。我遵循的评价原则如下。

（1）及时评价：学生能在本节课后马上知道自己的成绩，评价及时，对学生的学习积极性有很大的促进作用。

（2）全面评价：每一名学生都能知道自己的成绩等级，不忽略任何一名学生。若课堂上没有时间评价每一名学生的作品，课下一定完成，在下次课之前展示给学生。

课后，我将学生的作品上传到微信公众平台，以投票的形式让同学们选出自己最喜爱的作品。

设计意图：考虑到班上住校生居多，计算机上网不方便，但几乎人手一部手机。我开通微信公众平台"二职学生学习联盟"。学生通过扫描二维码即可关注。课后我将本节课的任务、评价标准、微课例以及优秀学生作品上传到微信公众平台，供同学们欣赏和学习并投票，利用信息化的手段最大限度地优化教学。除此之外，我还设计了自定义菜单，将精选课程上传，形成宝贵的学习资源。

6. 任务总结提炼升华（2分钟）

总结内容如下（见图7）：

> 1. 不论一个动画多么复杂、多么绚丽，它都是由最简单的动作组成。
> 2. 各个对象不同动作的时间关系（执行前后、延迟时间、动作长短、循环次数）是我们学习的重点和关键。
>
> 简单的公式是：
>
> 复杂动作=单纯动作+时间处理

图7

设计意图：通过以上总结，使学生们明白一个道理：PPT中的动画效果的数量是有限的，但组合以后的效果数量是无穷无尽的，任何一个复杂动画都是由众多单一动画组成的。绚丽而又有新意的动画等着同学们去制作开发。

十二、教学反思

1. 本节课的亮点

（1）阶段性目标的设置

最大限度地激发了学生的学习兴趣，学生完成目标后有很强的成就感。即使有学生某次课请了病假没来，当3个课时结束，作品需要合成的

中篇 教学实践

时候，学生会主动要求补齐之前没做的作品，使之完整。变"被动"为"主动"。

（2）做中学，做中教

通过任务分层及学生自主探究，学生学会了举一反三，融会贯通，创造能力得到了极大的发挥。学生的积极性很高，由于时间关系未能完成任务的学生主动要求用U盘拷回家继续完成。

（3）信息化教学

充分利用网络，运用微信公众平台实现资源共享及辅助教师对学生测评，上传微课使学生随时可以学习。

通过本节课的学习，学生不仅收获了"鱼"——完成了作品。

也收获了"渔"——学会了方法。

同时也收获了"愉"——他们是快乐的，有成就感的。

2. 本节课的不足

（1）教学进度不易把握。学生个体差异较大，有的同学提前完成，有的同学则"草草收兵"。

（2）小组合作的意识还有待加强。

3. 改进措施

（1）课前做好充分的准备，创造性的任务提前告知学生，让他们提前构思。例如：提前让他们想好相册的名字，以免在课上耽误时间。

（2）除了对每位学生的作品进行评价外，对优秀小组制定奖励政策，使每一位同学都增强团队合作的意识和责任感。

"Excel中IF函数的使用" 教学设计

一、课程名称

计算机应用基础

二、课时

1课时

三、课型

新授课

四、授课班级

一年级高考4班

五、教学模式与教学方法

教学做一体化教学模式、任务驱动法、分层教学法

六、对应教材

《计算机应用基础（Windows 10 + Office 2016）》，高等教育出版社出版，黄国兴、周南岳总主编，张巍主编。

中篇 教学实践

七、教材分析

本课的教学内容是高等教育出版社出版的黄国兴、周南岳总主编，张巍主编的《计算机应用基础（Windows 10 + Office 2016）》中第5单元任务5.3使用公式和函数。公式或函数主要用于Excel表格中的数据处理，在实际工作中应用广泛，它功能十分强大，为使用者进行报表等复杂数据分析处理提供了许多方便。

教材中"任务5.3使用公式和函数"通过案例讲解了Excel中几种常用函数的应用方法，其他函数只是做了简单的介绍，IF函数也包括在其中，没有实例只有一道练习题。而本班学生是目标明确要参加高职高考，必须考取全国计算机等级证书，而IF函数是考试大纲中的必考点，因此在教学中需对其学习内容进行加深和拓展，为学生通过考试及今后自身发展打下基础。

八、学习者特征分析

1. 性格特点

本班是中职一年级学生，性格活泼、爱表现自己，但做事缺乏耐心、容易开小差，对问题归纳和总结能力比较弱。

2. 知识水平

有简单的计算机操作能力，对办公软件操作有一定的基础，掌握Excel表格的基本操作，能够运用SUM、AVERAGE等常用函数进行简单的数据运算，在此基础上学习IF函数，将实现对复杂数据的分析处理。

3. 学习习惯

喜欢操作实践讨厌理念说教，喜欢风趣不喜欢枯燥，喜欢直观快捷不喜欢复杂的分析和思考。逻辑思维能力不足，对问题深入探讨的主动性不够，在IF函数的学习中会有一定的难度。

九、教学目标

1. 知识与技能

（1）能写出IF函数的格式，掌握IF函数的基本使用方法；

（2）学会运用IF函数嵌套解决多条件多结果的数据关系；

（3）理解IF函数与逻辑函数的混合使用，解决多条件判断问题。

2. 过程与方法目标

在使用IF函数解决实际问题的过程中提高分析数据、处理数据的能力。

3. 情感与价值目标

通过IF函数的学习过程，养成良好的工作学习习惯，形成认真、细致、严谨的工作态度，树立社会责任感；通过团队合作，自主学习，增强团队合作精神，体验成功的喜悦。

十、教学重难点

1. 教学重点

（1）理清IF函数的逻辑关系；

（2）运用IF函数解决实际操作问题。

2. 教学难点

（1）IF函数的嵌套；

（2）IF函数与其他函数的交叉运用。

十一、教学过程

1. 游戏导入，任务启发

规则：口令为"1"时做"拍头"动作，口令为"0"时做"拍手"动作（见图1）。

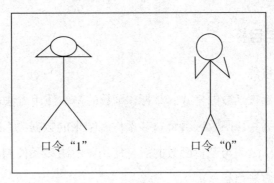

口令 "1"　　　　口令 "0"

图1

教师喊口令，学生做动作。

教师引导学生分析规则，启发学生游戏规则可以表述为：

如果"口令为1"时"拍头"，否则"拍手"。

设计意图：通过游戏导入，吸引学生的注意力，激发学习兴趣及求知欲。

2. 探索新知，任务导入

教师演示通过Excel判断口令，实现做操动作。

学生模仿操作，完成任务一。

教师演示教学课件，引导学生初识IF函数的定义、格式、功能、说明（见图2）。

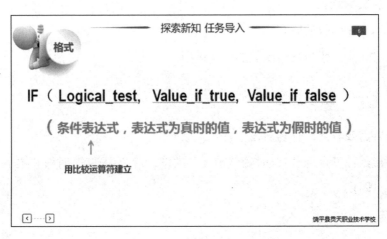

图2

设计意图：通过任务驱动，学生在实际操作中认知新知识。对任务分析，突出教学重点。

3. 举一反三，任务巩固

课件显示，某书店管理人员需要对图书数量进行处理分析，确定缺货图书，以便进货，让我们一起来思考能用什么方法解决（见图3）。

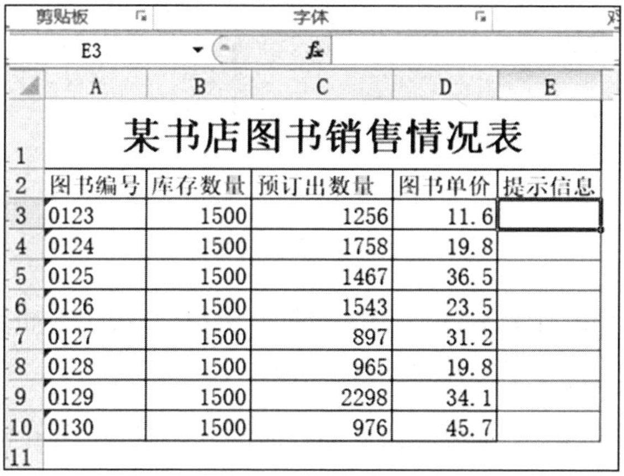

	A	B	C	D	E
1	某书店图书销售情况表				
2	图书编号	库存数量	预订出数量	图书单价	提示信息
3	0123	1500	1256	11.6	
4	0124	1500	1758	19.8	
5	0125	1500	1467	36.5	
6	0126	1500	1543	23.5	
7	0127	1500	897	31.2	
8	0128	1500	965	19.8	
9	0129	1500	2298	34.1	
10	0130	1500	976	45.7	
11					

图3

给出“提示信息”列的内容，如果库存数量低于预订出数量，给出“缺货”信息，否则给出“有库存”信息（利用IF函数完成）。

设计意图：让学生自己摸索操作，尝试找出解决问题的方法，培养学生自主探究精神。

请学生自主操作。

教师帮助学生归纳出IF函数使用的注意点。

设计意图：利用IF函数条件的变化，培养学生举一反三思考问题的能力。

4. 深入分析，任务提高（见图4）

	A	B	C	D	E	F	G	H	I	J
1				**某公司招聘职员表**						
2	座位号	姓名	性别	年龄	笔试成绩	面试成绩	录用情况	录用情况二		
3	1	林佳	男	22	69	70				
4	2	张巍	女	24	81	80				
5	3	林泽	女	25	68	77				
6	4	吴雪	男	27	88	74				
7	5	江柳	女	24	57	88	1. 利用IF函数，如果笔试成绩和面试成绩均大于等于80分，录用情况列则给出"录用"，否则给出"不合格"。			
8	6	江燕	男	26	68	45				
9	7	余琳	男	28	83	89				
10	8	陈楚	女	29	58	92				
11	9	傅雪	女	31	52	77				
12	10	张洁	男	35	71	80	2. 将第一题中的条件改为笔试成绩或者面试成绩大于等于80，在录用情况二列中给出"录用"，否则给出"不合格"。			
13	11	张少	女	32	58	50				
14	12	洪静	女	26	48	60				
15	13	郑锦	女	28	64	70				
16	14	刘煜	男	30	47	12				
17	15	王宁	女	29	42	60				
18	16	王丽	女	27	57	52				
19	17	杨锐	女	26	68	70				
20	18	林翠	男	28	69	80				
21	19	张洁	男	27	57	60				
22	21	余琦	女	32	63	60				

图4

教师：上面的任务是只有一个条件时的操作情况，那如果有两个条件或两个以上的条件该怎么办呢？请看下题：

（1）利用IF函数，如果笔试成绩和面试成绩均大于等于80分，录用情况列则给出"录用"，否则给出"不合格"

请分析这两个条件之间的关系，是要同时满足，还是只要其中某个满足？

若有两个条件必须同时满足，那么Logical_test中应输入"AND（表达式1，表达式2）"。

教师强调得用英文状态下的符号。

设计意图：按照认知规律，由单一条件进入到双条件，从简单到复杂，循序渐进，学生更易吸收知识。

教师：上题是两个条件要同时满足，如果我们稍微改动一下，将"和"改为"或者"，那下题两个条件的关系是与还是或？

（2）将第一题中的条件改为笔试成绩或者面试成绩大于等于80，在录用情况二列中给出"录用"，否则给出"不合格"

若有任一条件满足，那么Logical_test中应输入"OR"（表达式1，表达式2）

设计意图：AND的运用，综合运用新旧知识解决问题，实现知识的深化和迁移。

5. 分层教学，任务深化（见图5）

XXXX学期某班学生成绩表

座位号	姓名	性别	年龄	平时成绩	期中成绩	期末成绩	总评成绩	评价
1	林佳	男	22	69	70	88	76.79	
2	张馥	女	24	81	80	57	70.94	
3	林泽	女	25	68	77	68	70.67	
4	吴雪	男	27	88	74	83	81.83	
5	江柳	女	24	72	88	58	71.12	
6	江燕	男	26	68	45	52	54.58	
7	余琳	男	28	83	89	45	69.6	
8	陈楚	女	29	92	92	89	90.8	
9	傅雪	女	31	52	77	92	75.41	
10	张洁	男	35	71	80	77	76.19	
11	张少	女	32	67	50	80	67.1	
12	洪静	女	26	88	90	89	89	
13	郑锦	女	28	80	70	60	69	
14	刘煜	男	30	70	65	52	61.3	
15	王宁	女	29	76	60	70	68.8	
16	王丽	女	27	77	76	80	77.9	
17	杨锐	女	26	68	70	60	65.34	
18	林坚	男	28	69	80	77	75.47	
19	张洁	男	27	57	60	65	60.95	
21	余琦	女	32	63	60	63	62.38	
22	李晓	女	31	85	80	85	83.36	

图5

教师：我们再来看下面这道题，当选择分支超过两个时怎么做？这就要用到IF嵌套了。

现在我们回过头来观察我们操作之后编辑栏所显示的内容，其实IF函数显示的规律就是：条件表达式逗号真值逗号假值。IF嵌套其实就是当假值还有分情况的时候再加入IF函数。如"评价列"应该输入所在H3单元格中，应输入：

=IF(IF(h3>85,"学习达人",IF(h3>=65,"学习能手","继续努力")))

请小组讨论思考能不能换一种表达方式，嵌套的位置在哪里。

请一位小组成员上台操作演示。

设计意图：用IF三参数奠定基础，理解嵌套就容易了。小组讨论操作培养团队合作、互助意识。

6. 归纳总结，任务回顾

师生总结，让学生讲出关键点（见图6）。

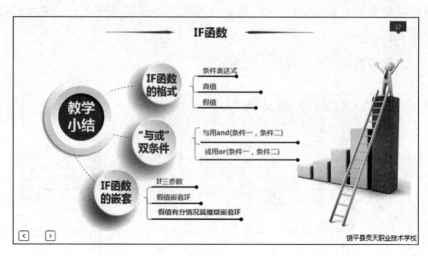

图6

　　课后拓展任务：给出身份证号码，判断出性别。身份证号有可能是15位，也可能是18位。

　　设计意图：总结注意点，让学生对知识点进行梳理、概括。培养良好的学习工作习惯。

"有趣的补间形状动画"教学设计

一、学情分析

本课的授课对象是三年高考班学生，相较其他专业班的学生，他们学习能力较强，而且活泼好动，表现欲强，对动画制作有着浓厚的兴趣，在前期学生已学习过Flash基本动画原理，学习了帧、图层、场景的基本应用，因此对补间形状动画的学习已经有了一定的基础。但同时，许多学生注意力容易分散，审美意识欠缺，对理论知识缺乏兴趣。

二、教材分析

1. 教材的地位、作用

本课教材选自高等教育出版社的《二维动画设计软件应用——Flash CS6》，教材内容充分体现"行动导向、任务引领、学做结合、理实一体"的职业教育理念。"补间形状动画"是教材第四章第2节的教学内容，是Flash基础动画的重要组成部分。在原教材知识技能的基础上，考虑学生的年龄特点及学科核心素养，我引入《孙悟空七十二变》的拓展任务。

2. 教学目标

（1）知识目标

① 理解补间形状动画的原理与特点；

② 熟练掌握补间形状动画的创建方法。

（2）能力目标

培养学生自主探究的学习能力和综合应用能力。

（3）情感目标

① 通过小组合作方式，培养学生细心、严谨的工作态度和团队协作精神；

② 让学生感受美学和创意，形成正确的价值观和积极的人生态度，提高学科核心素养。

3. 教学重难点

（1）重点：掌握补间形状动画的创建方法，熟记补间形状动画制作技巧。

（2）难点：学会使用形状提示控制形状变化的方法。

4. 教学时间

2课时。

三、教学策略

针对学情和本课教学内容，采用了以下教学策略。

1. 教法设计

（1）任务驱动法：通过四个循序渐进的任务，用明确的目标引导学生层层递进，循序渐进地学习。

（2）演示教学法：对学生在操作中难度较大及学生出现错误较多的部分进行演示。

（3）对比分析法：通过展示不同的动画效果，让学生对比分析，突破难点。

2. 学法设计

（1）自主探究法：学生独立思考完成任务，培养探究能力和创新意识，变被动学习为主动学习。

（2）合作学习法：小组内互相帮助合作学习，培养合作意识。

四、教学环境设计及资源准备

1. 教学环境

实训室、电子教室软件、Flash CS软件、课程网站。

2. 资源准备

教学课件、微课视频、教学案例、素材等教学辅件。

利用课程网站整合教学资源，为学生提供丰富的学习资源。

（1）利用课程网站提供的"资料下载""作品上传"功能，学生进行素材下载和作品上传，且便于后续学习作品的完善及修改；

（2）利用课程网站中"学习资源""微课视频"让学生在课余也能进行自主探究学习；

（3）利用网站"互动交流"进行师生问题探讨；

（4）利用"学习评价""投票系统"进行多元评价，展示作品及投票。

五、教学过程设计（见表1）

表1

教学环节	教师活动	学生活动	设计意图
创景激趣 （5分钟）	展示《孙悟空七十二变》动画效果，要求学生观察案例中有哪些动画效果。 引出本课课题——补间形状动画	观察、思考、回答问题	用精彩的案例激发学生的兴趣和求知的欲望，明确本课任务补间形状动画。
探求新知 预备任务 （5分钟）	观看本课案例，提问： 1. 案例中有几个对象？ 2. 哪些对象是静止不动的？ 3. 运动的对象呈现哪些动画效果？ 4. 在时间轴上的顺序是怎样的？ 明确任务，将案例分解为四个任务：创建标题、数字出场、翻页动画、数字大1变铅笔。	学生认真观察、思考、回答 1. 有书钉，书、书页，标题，数字1、2、3，数字大1等。 2. 书钉，书，书本静止不动。	任务逐层剖析，引导学生透过现象看本质，让学生对案例的制作思路有一个完整的了解。

中篇 教学实践

教学环节	教师活动	学生活动	设计意图
	预备任务：创建标题 要求学生运用已学的知识完成标题的创建。	3．标题逐字出现，数字1、2、3从左侧出现到舞台后变大变颜色，书页翻页，数字大1变成铅笔写字。 4.创建标题，数字出场，翻页动画，数字大1变铅笔。	
任务一 （10分钟）	任务一：数字出场动画 观看数字出场动画，提问： 1.数字1进场动画如何制作? 2.数字1为什么不能创建补间形状? 请学生上台进行演示，强调文字分离成形状后才能进行补间形状动画。 	学生按要求创建标题。 学生思考回答老师的问题，得出结论后付诸实践，学生制作数字出场动画。	复习巩固前面所学过的知识。 本环节比较简单，请学生上台演示，教师进行讲解。目的是让每个学生都能掌握。
任务二 （10分钟）	教师巡堂，观察学生的学习操作情况，解答学生在实践过程中出现的疑难问题。 任务二：翻页动画 	学生认真观看老师操作，注意老师强调的要点，积极动脑思考。 学生进行自主操作。	通过将几种补间形状动画效果融合到一个案例中的练习，学生掌握补间形状动画的创建方法和制作技巧。 （从而掌握重点）

教学环节	教师活动	学生活动	设计意图
任务三（10分钟）	 观看翻页动画，提问： 1. 哪个翻页效果是正确的？ 2. 为什么会产生变形的翻页效果？ 通过添加形状提示控制变形的关键点，从而改善补间形状动画混乱的变形。 强调形状提示务必前后图形对应添加。 教师演示，巡堂，对出现的问题进行指导。 任务三：大1变铅笔 观看微课视频进行自主操作。 在过程中提出问题： 铅笔元件如何进行补间形状动画制作？ 强调铅笔元件要先分离再转换为矢量图形	观看视频后，掌握的学生自主操作，没有思路的学生通过反复观看微课视频思考和掌握教学内容。	通过展示一组对比图，请学生判断哪个是正确的效果，错误所在，从而掌握形状提示的使用方法。（突破难点） 教师演示，让学生思路清晰，掌握要领，体现教师"主导"作用。 再次强调补间形状动画的制作技巧。（强化重点） 微课视频演示，学生查漏补缺，让不同层次的学生均能完成学习任务。
拓展练习（30分钟）	赏析作品《看我七十二变》 拓展任务 1. 以《西游记》中的人物为主角，利用已学知识和补间形状制作动画。	分析《看我七十二变》的制作思路。	

中篇 教学实践

教学环节	教师活动	学生活动	设计意图
拓展练习（30分钟）	2. 3个人一组，互相合作，在规定的时间内完成。 3. 标题突出，色彩鲜明，融入创意。	按照学习能力强带弱的原则分组，充分发挥小老师的作用。 小组成员进行讨论，首先构思剧本，设计场景；然后上网搜索素材并进行处理；最后进行动画制作。	巩固教学重难点，学生以小组为单位，在制作过程中灵活运用所学知识，融入创意，培养学生的团队合作和探究精神
评价总结（20分钟）	提交作品，点评（15分钟） 请每组成员先进行本小组自评，选出本组最优秀作品。然后，让这些成员上台展示作品，并分享创作意图和感想，同时充分鼓励学生将制作过程中遇到的难题与解决的办法和大家一起分享。师生之间相互评价，指出优点和不足。 将作品上传至教学网站，发起投票选出优秀作品。	1. 学生交流，阐述制作过程。学习他人，提升自我。 2. 利用教学网站进行多元评价，进行投票。	多元评价起到激励、反馈的作用。通过投票选出优秀作品，激发学生积极向上、争创上游的信心。
总结升华（5分钟）	将补间形状动画的制作步骤归纳成口诀，加深学生的记忆：首尾两个关键帧，补间形状设中间，文字分离要记住，外部图片需转换，形状控制要对应。 课后提升： 1. 能否给你的作品加上旁白和配音？ 2. 补间形状动画和传统补间动画的差异有哪些？	学生归纳、总结	对本课内容进行归纳梳理，编成口诀，提高学生对枯燥理论知识学习的兴趣。 通过课后作业对作品进行后期处理，了解Flash动画完整制作流程。利用教学网站对下一章节的内容自主学习。

"IF语句的使用"教学设计

一、课程名称

IF语句的使用

二、课时

2课时

三、授课学生

高二电脑班

四、对应教材

高等教育出版社出版，贾长云、朱香卫老师主编的《可视化编程应用——Visual Basic（第3版）》（计算机应用专业第3版中等职业教育国家规划教材）

五、教材分析

本课的教学内容是高等教育出版社出版的贾长云、朱香卫老师主编的《可视化编程应用——Visual Basic（第3版）》中第3章3.5.1节"判定结构"，是在学习VB的基本控件、语言基础和输入输出语句等知识的基础上学习选择结构的基础知识。由于选择结构是三种基本程序结构之一，是进一步学习程序设计的重要基础。因此掌握简单选择结构语法和简单应用是本次课的重点，在此基础上理解并能填写嵌套选择结构的关键代码是本次课的难点。

由于教材中只有一个使用IF语句嵌套的"根据学生成绩显示不同评语"的实例，对于我校这样一个落后地区的中职学生来说，这个实例的学习兴趣一般，直接讲授IF语句及其嵌套并编写代码解决问题，学生理解起来会有一定难度。因此，我舍弃了这个实例，也没有选择学生怕学的与数学相关的例题，而是与教材第5章中的窗体控制与设计、定时器和图形控件做了小整合，改用《我也能"战"出〈一站到底〉》这个活动。将选择结构的多个知识点融入活动中，通过对这个活动的探究，做中教，做中学，让学生在浓厚的游戏兴趣下掌握IF选择结构，学会利用IF选择结构创新地解决实际问题。

六、课程标准

（1）能利用VB语言编写选择结构程序。

（2）能熟练运用行if、块if、多条件的if…Then…ElseIf语句编写程序。

（3）能利用选择结构程序解决简单的实际问题。

七、教学目标（见图1）

说明：请以思维可视化工具（如概念图、思维导图等）形式表达教学目标分析结果，尽可能涵盖新课程三维目标：知识与能力目标、过程与方法目标和情感态度与价值观目标。

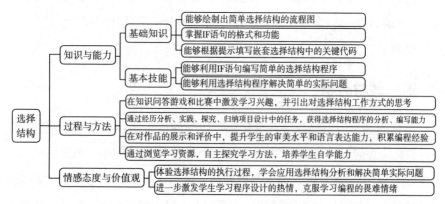

图1

八、教学重难点

1. 教学重点

（1）IF语句的格式、功能和执行过程

（2）能够编写简单的选择结构程序

2. 教学难点

嵌套选择结构的语法

九、关键点

理解IF语句的执行过程，灵活应用IF选择结构解决实际生活问题。

十、学习者特征分析

（1）教学对象是高二电脑班学生，文化知识水平（特别是数学基础、英语基础）较低，对程序语言设计的学习感到难学、怕学。特别是与数学题目有关的程序题，由于中学甚至是小学时就开始的知识断层，很多学生是既厌又怕。

（2）学生的逻辑思维能力较低，对程序算法的把握程度只停留在程序格式的套用上，且依赖性强，自主学习能力有待提高。但他们活泼、好动，喜欢生动有趣的课堂氛围。

（3）学生已经学习了VB的窗体和基本控件、语言基础和输入输出语句、顺序结构等知识，这些都对本项目的探究提供了很大的帮助。

十一、教学模式

教学做一体化模式。将制作简易答题系统作为一个活动，并以三个层次任务和一个活动拓展的形式不断深入IF选择结构的知识点，在完成活动任务的过程中"做中学，做中教，教学做合一"，真正地达到实践和理论的完美结合。

中篇 教学实践

十二、教学策略

多种教学方法并用。为了更好地实施活动，在整个教学活动中，以任务驱动法为主，并采用了兴趣激励法、分层次教学法和媒体演示教学法等多种方法，强调学生为本，让学生自主地探究，让学生愉快地合作，让学生真正学起来，真正体验知识，即IF语句格式及功能、综合条件式的表示和IF选择结构的嵌套。但职中生的学习习惯和基础差等特点，教师必须逐步引导学生，教师的主导作用不容忽视。

十三、教学环境及资源（媒体）准备

PPT课件、用于本教学的专题网站、学案、评价表、程序半成品等。

十四、教学过程（见表1）

说明：按照教学步骤和相应的活动序列进行描述，要注意说明各教学活动中所需的具体资源及环境。

表1

教学过程	教师活动	学生活动	设计意图	具体资源及环境
创设情境引入新课（5分钟）	1.出示两张《一站××》节目的照片，并提问题 问题1：有谁知道这是什么节目？ 问题2：谁知道节目有什么规则？	欣赏照片，回答问题 生：《一站××》。 生：1.每档节目有1位擂主和10位攻擂者进行PK，答对赢得别人的奖品，答错掉下擂台。 2.答题时间是20秒倒计时。	1.知识来源于生活，用生活中的精彩画面刺激思维、激趣。 2.创造温馨愉悦的学习环境，创设问题情境，调动学习积极性，为引入新课做准备。	整个教学活动都在计算机一体化教室进行 PPT课件

教学过程	教师活动	学生活动	设计意图	具体资源及环境
创设情境引入新课（5分钟）	问题3：这个节目实际就是一个答题系统，那么我们利用VB能不能做一个类似《一站××》的答题系统呢？ 2.学生体验教师作品，引出项目 这个游戏好玩吗？大家想不想自己也做一个呢？ 这就是我们今天要做的活动： 我也能"战"出《一站××》	打开教师共享的"一站到底"文件夹，运行"我也是战神.exe"程序，在操作的过程中思考程序的功能，特别注意到系统能够对不同的答案做出不同的应答！	3.利用实物带来的视觉冲击，激发学生的好奇心。 4.通过教师的激励性语言，刺激学生的好胜心，从而让学生对本项目感兴趣。	教学网站"引言"环节 教学演示程序
合作探究获得新知（5分钟）	1.活动功能分析和控件及主要属性分析 （1）包括两大功能：答题判断和倒计时 （2）标签Label：用于显示题目 文本框Text：用于用户输入答案 按钮Command：用户响应用户的确定或取消操作 2.先解决项目的答题判断功能	倾听 跟着教师的思路回忆以前学过的知识，充分思考。		

教学过程	教师活动	学生活动	设计意图	具体资源及环境
合作探究获得新知（5分钟）	提问：电脑怎样判断我们给出的答案是对还是错呢？并且显示相应的信息？ （1）分析板书，用自然语言描述 如果回答＝"下知地理" 那么显示"答对"信息 否则显示"答错，须掉下擂台！"信息 （2）在关键词下面用VB语言板书描述 IF　　then　　else （3）用填空的形式引导学生分析判断条件和结果语句 A.用户的回答在哪里？ B.当点击"确定"按钮时，将根据不同情况进行判断，从而决定消息框显示的内容！ C.消息框用什么语句表示？ 3.根据问题分析，绘制实现算法的流程图 复习提问：流程图中不同形状分别表示什么功能？ 板书流程图 提问：该程序的执行过程和我们学过的顺序结构相比有什么区别？	 菱形表示判断框、平行四边形表示输入输出框……（回答问题，明确答案） 观察、倾听	从"自然语言"到"VB语言"的类比教学，强调"如果""那么""否则"，为引出IF语句格式做铺垫，让学生对IF语句有一个初步的感性认识和意思上的理解。 通过对流程图的绘制，让学生对IF语句的执行过程理解更进一步。	交互式电子白板 PPT课件

教学过程	教师活动	学生活动	设计意图	具体资源及环境
合作探究获得新知（5分钟）	4.提出"选择结构"的概念 根据所给定的条件，来决定从哪个实际出发，执行可能的操作过程结构	学生回答：程序会根据不同的条件选择不同的操作。 倾听		

自主探究理解新知（15分钟）	任务一：初试牛刀，比比谁快
	任务：以4人小组为协作单位，尝试用VB语句制作自己的"一战到底"！"E：\一战到底（无代码）.frm"是已经设计好的程序界面，请在"确定"按钮中添加代码，实现简单的答题判断功能！比一比，看哪组做得最快！
	1.巡回观察、辅导，分层次教学
	如果多数小组无法完成设计，则提供下方的参考代码，请大家阅读理解并补充完整后进行制作；如果完成情况过半，则请学生代表展示自己的作品，并分析其代码。
	参考代码：
	
	``
	If _____ Then
	msgbox " _____ "
	Else
	msgbox " _____ "
	End If
	``
		学生以4人小组为协作单位（按学生个体差异分组，在课前已做），组内讨论，设计制作。	小组合作学习的模式，通过基础好的学生带动学得比较慢的学生，同时又让小组之间形成竞争的状态，激发了学生的学习兴趣。
			
			让学生投入到任务的探究中去，在探究中加强对新知的理解和应用。
				PPT课件
				
				程序半成品
				
				教学网站"任务""过程"环节

中篇 教学实践

带着
**思
想**
行走在 教与研 的路上

教学过程	教师活动	学生活动	设计意图	具体资源及环境

自主探究理解新知（15分钟）	2.针对学生操作情况小结归纳
	（1）分类：单分支和双分支
	单分支：如果 回答="下知地理"那么 显示"答对"
	如果 回答≠"下知地理"那么 显示"答错"
	即：IF ……Then……
	双分支：
	如果回答="下知地理"那么 显示"答对"否则显示"答错"
	即：IF ……Then……Else……
	(2)IF语句的两种格式：
	格式1：
	If <条件表达式> Then
	语句体1
	Else
	语句体2
	格式2：
	If <条件表达式> Then
	　语句体1
	Else
	　语句体2
	End If
	（3）注意点：
	A.行结构（格式1）可用但不提倡用，因为不便于阅读。
	B.在块结构（格式2）中，IF与End If必须成对出现。
		听讲，适当记笔记。	先做后学，印象更深。
			
			规范书写，培养严谨的学习态度。	

教学过程	教师活动	学生活动	设计意图	具体资源及环境
自主探究理解新知（15分钟）	C.语句块中可以是一条或多条语句，语句块要缩进，增强可读性。 3.布置改进任务 任务一中，当答对时除给出提示信息外，还显示出奖品图片；当答错时，除给出答错信息外，还要退出程序。 4.操作示范	根据学案或教学网站提示按要求自主探究。 与老师的操作进行比较，修改不足。	在不断的改进和完善中加深理解，同时由于增添了有趣的"奖品"，更加激发学生的学习兴趣。 在比较中师生共同进步。	学案
诱思探究强化新知（10分钟）	师：恭喜大家首战告捷，那接下来我们继续挑战吧，争抢更多的大奖。 任务二：继续挑战，争抢大奖 任务：新建一个窗体，模仿任务一制作第二道题。 1.巡回观察、辅导（引导学生把窗体及其代码进行复制） 2.指出新问题：当答案有两种或两种以上时怎么办？如果发现学生中有这样的题目则用学生的实例，如果没有则用下面题目举例（答案可以是"唐高宗"或"李治"）。	自由创作，特别是题目五花八门。 思考，回忆以前学过的知识。	在举一反三中让知识得以强化，此任务另一个目的是为下例讲条件表达式和多窗体操作做铺垫。	教学演示程序

教学过程	教师活动	学生活动	设计意图	具体资源及环境
诱思探究强化新知（10分钟）	3.强调和补充知识点 条件表达式 经常与关系表达式和逻辑表达式一起使用。 4.指出新问题：如何把两个窗体结合起来? 分析：在做第一题时，如果回答正确，则除获得"奖品"、给出提示信息外，还要把第二题的题目显示出来，第一题隐藏起来。 提示语句：Form1.hide '隐藏form1窗体 Form2.show '显示form2窗体 5.巡视、辅导、指出学生中存在的普遍问题	老师引导下探究出问题的解决办法：text1.text="唐高宗" or text1.text="李治" 重温旧识，对表达式的理解得到进一步加强。 思考 跟着老师的思路分析问题，寻找解决问题的办法。 识记 动手操作	强调实际应用，如判断是否为闰年等问题的使用。 把两个任务联系起来，使程序整体化。 运用启发式教学，循序渐进，引导学生一步一步解决问题，在解决问题中体验成功的喜悦。	PPT 教学网站 学案
合作探究再获新知（10分钟）	师：恭喜大家连获大奖，在《一站到底》节目中实际上是两个环节，第一环节播主与攻擂者PK后可带着奖品离开，或者选择继续挑战，与计算机PK，最后有可能成为"站神"。那么我们的项目到这一任务中也同样要设置面临是否继续答题的选择。	听讲，思考	通过对此任务的探究让学生掌握IF语句的嵌套。	教学网站"任务""过程"环节

教学过程	教师活动	学生活动	设计意图	具体资源及环境
合作探究再获新知（10分钟）	任务三：终极挑战，我也是战神 任务：更改任务二的"确定"按钮功能为：如果用户答题正确，那么获得"奖品"并显示"答对"信息，然后询问"是否继续答题"，如果用户选择"继续"则显示后续题目，否则给出"谢谢你的参与，现在你可以带着你的奖品离开！"信息后退出程序。如果用户答题错误，那么显示"答错"信息并退出程序。 1.用问题的形式引导学生分析任务要求 （1）提问"是否继续答题"可用什么函数表示？ （2）如果用变量T记录用户的选择，那么用户选择"继续"如何表示？ （3）如果用户选择"继续"则显示后续题目，否则给出"谢谢你的参与，现在你可以带着你的奖品离开！"信息后退出程序。用IF语句怎样表示？ （4）"确定"按钮的功能比原来多了哪些？这部分功能在什么情况下出现？ 2.用动画形式把"确定"按钮增加的功能嵌入原功能中。	跟着教师的思路回忆旧识——Msgbox()函数的使用和新知——IF语句，充分思考。		PPT

中篇 教学实践

带着
思
想
行走在
教与研
的路上

教学过程	教师活动	学生活动	设计意图	具体资源及环境

合作探究再获新知（10分钟）	原功能：
	IF 回答正确 then
	　获得奖品
	　显示"答对"信息
	Else
	　显示"答错"信息
	　退出程序
	End If
	
	增加的功能：
	T=Msgbox（"是否继续答题"）
	IF T=VbYes then
	　Form2.hide
	　Form3.show 　'后续题目
	Else
	　Msgbox（"谢谢你的参与"）
	End
	End IF
	
	3.让学生动手修改原代码，教师巡回观察、辅导
	4.展示范例，提出"IF选择结构嵌套"的概念和格式
		实践探究
		比较，听讲，理解，熟记格式
			用动画的形式让学生很直观地理解IF嵌套的概念。	

教学过程	教师活动	学生活动	设计意图	具体资源及环境
合作探究再获新知（10分钟）				范例程序
拓展演练迁移创新（25分钟）	项目的完善与拓展 师：通过前面三个任务我们已经初步完成了答题系统的答题判断功能了，接下来我们继续以4人小组为单位，共同完善答题系统。项目要求可以根据自己的能力挑选下面任一种，相信大家都能"战"出自己的《一站到底》来！ 要求一： 在工程中再添加新的窗体，并在新窗体中制作更多的题目，每个窗体设计一道题目、一个答题区（文本框）、一个"确定"按钮和一个"重置"按钮，"确定"按钮负责答题情况的判断，其中在哪一窗体中要增加询问用户是否继续答题的功能由大家自己决定，要设定答题有多少关也由大家选择；"重置"按钮负责清空答题区的内容。题目数量无限，越多越好，注意界面的美观。	小组成员可以根据教学网站自学计时器的应用等知识，与小组成员进行交流探讨，然后共同合作完善与创新自己的"一站到底"作品。	在拓展演练中发现问题，解决问题，既巩固了IF语句知识的掌握，又学会了利用知识的迁移、创新来解决实际的问题。同时也提高了自学能力，增强了组员之间的感情。	PPT

中篇 教学实践

教学过程	教师活动	学生活动	设计意图	具体资源及环境
拓展演练迁移创新（25分钟）	要求二： 给项目添加倒计时功能。要求程序一运行时，倒计时就开始，时间为20秒，如果在20秒内答题，那么结果有效，否则将显示"时间到！"提示信息且退出程序。（操作提示，利用时钟控件来实现，只需在时钟控件的Timer事件中添加IF语句判断就行）（在教学网站中提供学习） 要求三： 给项目添加计分功能，达到不同的分数，给出不同的等级称号，如"不露锋芒""大智若愚"或"见多识广"等。 巡回观察、辅导（注意不同层次的学生采取不同方法进行有效的帮助和指导）。		分层作业使每个层次的学生都能够获得成功的体验。	教学网站中的"任务""过程"和"学习区"
展示评价回顾小结（20分钟）	1.利用网络教室展示学生作品。通过教师挑选几个小组代表上台，展示并介绍作品，同时对小组所经历的程序分析、程序代码书写、运行结果和合作情况等作自我反省与自我评价。小组之间相互点评，加强交流与学习。	参与展示，参与互评。	培养学生的审美能力，培养学生的创新意识和创新能力，在评价中进步。	

教学过程	教师活动	学生活动	设计意图	具体资源及环境
展示评价回顾小结（20分钟）	2.展示教师作品。教师事先设计了一组题目，题目以IF选择结构知识点为主要内容。 3.对课堂情况做总结性评述，引导学生在活动过程中对所获得的经验和教训做梳理，帮助学生内化知识。	欣赏，接受挑战	检查学生知识掌握情况，也是对整个教学活动的回顾小结。	网络教室 程序作品

中篇 教学实践

"动画效果设置"教学设计

一、教学分析

1. 课题分析（见表1）

表1

课题	PPT动画效果设置——超级马××反电诈大冲关
所属课程	计算机应用基础
学时数	2课时
授课班级	一年机电（2）班
授课地点	多媒体课室
使用教材	高等教育出版社出版，黄国兴、周南岳主编，《计算机应用基础（Windows7+Office2010）第3版》
教学资源	高等教育出版社http：//abook. hep. com. cn/34335/ 蓝墨云班课，专业教学数字资源库

2. 学情分析

本课授课对象是一年级机电专业学生，他们思维活跃，动手能力强，不喜欢理论课的学习，且学习的主动性不够，教学需要创设生活化、游戏化的情境和有目的的操作任务来激发学生的学习积极性。在前期的学习中，学生已能制作出图文并茂的幻灯片，对幻灯片从静态到动态效果的设置非常感兴趣，但他们也容易按自己的喜好设置新奇的动画效果，易忽略动态效果顺序及节奏等的合理性。

3．教学目标

（1）知识与技能

掌握添加四种预设动画的操作方法；掌握自定义动画参数的设置效果。

（2）过程与方法

利用微课、蓝墨云班课、微信等信息化手段引导学生自主学习，小组合作学习，增强学生学习的信心，培养利用信息的意识，掌握学习的方法。

（3）情感态度价值观

培养团队协作精神，提高创意设计能力和信息安全意识，培养学生审美情趣。

4．教学内容

本课的内容选自教材第7章第3节任务3设置动画效果。它是PowerPoint软件应用的一个亮点。参照教学标准，本课在本章节及至整个计算机应用基础课程中均占有非常重要的地位。

由于教材中示例太过简单，为此引入"超级马里奥"游戏，制作反电诈活动课件的真实项目，将动画效果的综合应用技能融入游戏情节的设计中，既充分调动了学生的学习兴趣，又搭建了教学与应用的"桥梁"。

5．教学重点和难点

（1）重点：设置对象的基本动画，掌握顺序的调整对效果的影响。

（2）难点："超级马里奥"游戏中计时参数设置，培养学生创新设计的思维能力。

二、教学策略

结合以上教学内容与学生特点，利用微课、蓝墨云班课、微信等信息化手段，进行线上线下的混合式学习。采用任务驱动法，通过"课前预、课中导、课后拓"三个环节为学生构建了个性化与协作化的学习环境。课前学生通过云班课预习新知；课中将教学内容设计成4个层层递进的子任务，引导学生在自主探究、小组协作学习中突破重难点，内化知识；课后

中篇 教学实践

将任务拓展提升，巩固技能，同时通过云班课和微信反馈学习效果诊改课堂，提高课堂效率。

三、教学过程（见表2）

表2

教学环节	教师活动	学生活动	设计意图
课前准备	1. 制作导学案、微课视频、PPT、作品评价表，并上传到蓝墨云班课资源库。 2. 将学生进行分组，按照"同组异质，异组同质"的原则进行分组，4人为一小组。 3. 微信平台发布预习信息，要求学生完成"任务一新手起步"；回应学生的讨论疑问。 任务一新手起步：四种基本动画的设置。 自选背景，使用四种动画效果设置，让马里奥实现"进入—某一轨迹前进—退出"。 4.收集制作电信诈骗的图片素材。 5.蓝墨云班课检测课前预习情况，并形成数据进行分析。	1. 通过班级邀请码927588加入蓝墨云班课，在资源库下载导学案、微课视频、PPT进行预习。 2. 学有余力的同学可通过教师在微信平台上提供的资源平台学习相关内容。 3. 思考问题、交流互动，完成"新手起步"任务及检测题。 	依托蓝墨云班课进行课前学习，并通过平台统计学生完成课前任务的情况和反馈的问题，发现疑难之处，明确问题，以学定教。

教学环节	教师活动	学生活动	设计意图
课中环节 一导任务 （5分钟）	1. 教师针对课前蓝墨云班课平台反馈的学习情况及学生提出的共性问题，进行形象直观演示，总结知识点： （1）四种基本动画的特点 （2）添加动画与修改动画的不同 添加动画——选中（对象）再操作； 修改动画——选中（动画效果）再操作。 （3）动作开始的不同 上一动画同时/之前——该项目的进行跟前一项同时开始； 上一动画之后——该项目的进行在前一项执行完毕之后开始。 ▶ 开始：单击时 单击时 与上一动画同时 上一动画之后 持续 延迟 2.视频情境导入 教师播放一段提前制作的"超级马××"反电诈游戏视频。 教师：这游戏里用到了哪些基本动画效果？ 你能说出这几种动画效果的先后顺序吗？	1.学生观看学情反馈，一起总结。 2.观看演示，内化知识。 3.观看视频，讨论回答。 4.明确本课学习任务，激发学习兴趣。	针对课前预习反馈，通过比较、演示让学生快速掌握、内化本课关键知识及技能，为后续任务的开展做好准备。 设置生活化的情境任务，结合游戏调动学习积极性。 结合人才培养方案，渗透德育教育，提高信息安全意识，并直观地引入本课主题——动画效果设置的学习。

193

带着
思想
行走在 教与研 的路上

教学环节	教师活动	学生活动	设计意图
课中环节一导任务（5分钟）	马××闯关就好比我们现在反电诈防范冲关，马××闯关路上的障碍就是我们电信诈骗的种种手段，需要我们擦亮眼睛识破它才能勇往直前。我们今天要来完成的任务就是"超级马××反电诈大冲关"。		
课中环节二析任务（5分钟）	任务分解：以教师作品"超级马××反电诈大冲关"游戏为例，明确本课学习4个任务。任务一：添加预设动画，修改动作开始方式。任务二：设置"效果"选项及调整动画顺序，让动画效果合理化。任务三：修改"延时"参数，让人物动作更协调。任务四：美化完善作品。	明确学习任务，其中任务一在前面已解决，接下来的学习有3个任务。	将任务分解，层层递进，逐个击破。
课中环节三施任务之自主探究（25分）	任务二牛刀小试：动画"效果"选项及动画对象顺序的调整。对马××、带有"反电诈宝典"标志的蘑菇两个对象分别设置动画效果，完成如下场景：马××出场后，跳起撞石头，石头上长出蘑菇。 		

教学环节	教师活动	学生活动	设计意图
课中环节三施任务之自主探究（25分）	 教师巡回指导，同时通过极域电子教室观察、展示学生完成操作情况，对部分学生操作过程中存在的问题截屏，对学生共性问题展开纠错，完成教学重点的归纳。 任务三大咖晋级：动画效果中"计时"参数的设置。 1.发送"一起来找碴儿游戏"给学生。 2.引导学生完成任务三。对马里奥、带有电信诈骗标志的乌龟两个对象分别设置动画效果，完成如下场景：乌龟在左右来回爬动，马里奥出场后快速跑近乌龟，将其踢死，乌龟消失。	学生观看微课视频后自主探究，遇到问题时组内互助，或求助教师，完成任务。 玩游戏，答问题。 观看微课视频后自主探究，遇到问题时可利用蓝墨云班课上的微课辅助学习，突破自己的重难点。	学生通过初次自主探究，在体验中学会本课的教学重点，同时培养学生分析问题及解决问题的能力。 感受游戏带来的欢乐，在玩中学习新知识。 层层递进，让学生在举一反三的操作中突破本课教学难点，提升学生知识迁移能力。

中篇 教学实践

教学环节	教师活动	学生活动	设计意图
课中环节三施任务之自主探究（25分）			微课的运用帮助学生突破了教学的重难点，实现个性化学习。
课中环节三施任务之小组协作（35分）	任务四高手过招：综合运用动画效果设置技能，发挥创意，完成终极任务。 引导学生以小组为单位，进行技能大比拼，结合学校反电信诈骗活动，自选素材，完成《马里奥反电诈大冲关》作品，场景设计发挥想象，动画效果设置合理、协调。 1.教师引导学生细心观察思考如下问题。 2.教师巡回观察，个别辅导，鼓励、引导学生思考、讨论、解决问题，做到因材施教。 3.随时将不同小组完成情况录屏，通过希沃电子白板显示。	小组讨论，并将思考结果填入导学案中。在厘清思路后，设计制作方案。 同时按照任务分工表及设计方案由组长分配各组员的任务，协作完成任务。	设计终极任务，提高学生动画效果设置的综合技能。 帮助学生厘清思路，提高操作效率，培养其分析问题的能力。 将学生的错误录屏，便于学生课后反思。

教学环节	教师活动	学生活动	设计意图
课中环节四多元评价展成果（23分）	1.教师组织小组代表展示作品，介绍作品。 2.组织学生通过蓝墨云班课平台投票评选最优作品。 3.教师对知识点进行梳理：复杂动画=多个动画+时间处理。	1.小组代表上台展示作品，分享学习心得。 2.除上台代表外其他同学提出作品改进建议，同时根据作品评价表进行自评、互评、师评。 3.将小组作品通过平台进行提交。 4.通过蓝墨云班课平台完成对最佳作品的投票。	及时评价，提高学生学习积极性和热情；引入竞争机制，培养学生的团队意识，增强责任感与荣誉感；引导学生总结知识内容，完备知识体系。
课中环节五布置拓展固技能（2分）	1.展示"百度CEO因为做不好PPT而被解聘"的新闻，引导、鼓励学生学习不同场合PPT的制作、使用特点，特别是学习《PPT创意设计》提高创意思维。 2.布置课后作业：根据校企合作的广告公司PPT作品标准，发挥创意，完善《马里奥反电诈大冲关》作品，并请企业专家点评。	学生从教师的例子中感受PPT制作的重要性，和动画效果设置对PPT成功制作的关键。收下任务，待课后开展。	课后结合专业，与职场对接，进行巩固提升，实现以就业为导向的目的。
课后提升	1. 对学生提交的作品进行分析后，形成具体的数据。 2. 对所有的投票和本节课的反馈进行分析。 课后提升：让学生对作品进行修改完善上传到学校教学资源平台上，在全校进行展示，纳入学校资源。 邀请全体教师对学生作品进行网络投票。	1.完善作品后进行提交到蓝墨云班课资源库。 2.完成对小组合作认识的投票、对基于互联网的信息化教学的支持度、对本课教学满意度等的投票。	学生课前课后对认识掌握知识点的程度进行比较分析，学生对本次课的满意度进行分析，并形成数据，可以从理性角度分析学生的学习情况，为以后的教学打下基础。

"循环嵌套" 教学设计

一、教材分析

循环的嵌套是《算法与程序设计》（信息技术选修1）第二章第2.4.3节的内容，向来是教学上的重点和难点。教材中，首先很直接地给出用循环嵌套解决"求各种水平影响下N次试验的平均亩产量"的例子及循环嵌套的概念，然后通过实践——打印九九乘法表来体现循环嵌套的格式与执行过程。内容比较简单，实例也少，不便于学生理解掌握。因此，我没有直接从课本内容讲授，而是先"抛砖"——图形（星号）输出，由一行到矩形，再到直角三角形，然后"引玉"——打印九九乘法表，递推诱思，最后实践探究，将循环嵌套应用于数学问题的解决。

二、学生分析

（1）教学对象是职高一年级学生，文化知识水平（特别是数学基础）较低，对语言程序设计的学习感到难学、怕学。

（2）学生已经学习了FOR/NEXT语句和DO/WHILE语句，会用循环的思想解答一些如累加、累乘的数学问题。

（3）逻辑思维能力较低，对程序算法的把握程度只停留在程序格式的套用上，且依赖性强，自主学习能力有待提高。

三、教学目标

1. 知识与能力目标

（1）掌握循环嵌套的格式和功能，并能编写循环嵌套结构的程序。

（2）提高创新思维能力，提高分析问题和解决问题的能力。

（3）在举一反三的思维迁移训练中，提高利用信息技术解决问题的能力，发展计算思维。

2. 过程与方法

经历实践、分析、探究、归纳，掌握循环嵌套语句的格式，并运用其编程思维解决实际问题，发展计算思维。

3. 情感和价值观

（1）通过递推诱思的教学设计，培养研究探索的精神，提高学习的兴趣。

（2）通过探究学习，体验成功的喜悦，增强自信心，提高自学能力。

（3）学习流畅地发表自己的意见，交流思想，形成与信息社会相适应的价值观与责任感。

四、教学重难点

1. 教学重点

循环嵌套结构的格式及其应用。

2. 教学难点

在程序设计（如图形输出、九九乘法表、累加等数学问题）中灵活运用循环嵌套。

五、教学方法

1. 递推诱思

由图形（星号）入手，从易到难，循序渐进地引导学生思考探索解决问题，然后融会贯通，通过比较完成打印九九乘法表的教学任务，最后突破难点，活学活用，将循环嵌套应用于数学问题的解决。

2. 任务驱动法

以"任务"为主线，将教学重难点尽收于内，让学生在完成任务的过程中实现知识的传递和巩固。

3. 合作探究法

小组合作，充分发挥学生主观能动性，提高其协作学习、数字化学习与创新能力。

六、教学过程

1. 温故知新，创设情境，"抛砖"引入（9分钟）

（1）温故三提问

问题一：已学的循环语句有哪些？

问题二：它们的格式如何？

问题三：FOR/NEXT语句与DO/WHILE语句各适用于哪种情形？

设计意图：简单的循环语句是刚刚学过的知识，学生一般都能立即回答。通过"三提问"，唤醒学生对旧知的记忆，也为学习新知做准备。

（2）创境，承前启后

师：例1（多媒体出示图形）********，用已学知识能否输出此图？

生：（编写程序）For I=1to8

           Print "*" ；

           next i

设计意图：用图形输出，引起学生学习兴趣。用已学循环语句编写程序，起承前启后的作用。

问题反馈：

① 部分学生会在Print语句后面欠缺"；"，图形输出时变为8行1列的星号。虽然第二章第2节的赋值语句和输入输出语句已经学习过格式输出，但此时教师仍需特别强调。

② 部分学生会用到DO/WHILE语句来实现，教师可同学生一起将其

和FOR语句做比较，还应当鼓励学生开放思维，用不同的方法解决相同的问题。

（3）"抛砖"引入

师：例2（多媒体出示图形）一行星号会输出，那么会不会输出这个图形呢（见图1）？

图1

生：不就刚才的一行变四行吗，把刚才的程序段重复写四次。

师：写四次太烦琐了！有没有考虑再用循环语句呢？重复操作，而且知道重复的次数是4。

学生思考，教师及时写出：For 循环变量=1to4

循环体（例1的代码）

next 循环变量

师：这种在循环语句内包含有循环语句的形式称为循环嵌套。

师生：共同比较单重循环与循环嵌套的区别，通过比较得出循环嵌套的好处。

设计意图：从一行到多行，学生较易接受，循环嵌套的概念也能直观地植入学生的脑海。

2. 故设"陷阱"，牢记格式，理解过程（7分钟）

（1）将上面例2中的代码修改补充完整，教师故设如下"陷阱"（见表1）

中篇 教学实践

表1

陷阱	设计意图
For I=1 to 4 For I=1 to 8 Print "*"; Next I Next I	让学生明确内、外循环的控制变量不能同名，加深对循环嵌套的理解。
For k=1 to 4 For I=1 to 8 Print "*"; Next k Next I	让学生明确内、外循环的层次必须分明，不能相互交叉，加深对循环嵌套的理解。
For k=1 to 4 For I=1 to 8 Print "*"; Next I Next k	让学生明确虽然格式正确，但外循环缺少Print语句时不能分行。加深对内外循环功能的理解。
能否把外循环或内循环改用WHILE语句？	让学生明确循环嵌套不仅适用FOR语句，也适用WHILE语句，甚至两种语句可以嵌套使用，加深对循环嵌套的理解。

（2）教师分析讲解循环执行过程

3. 触类旁通，层层推进，深入理解（12分钟）

师：4行8列的星号图形会输出，9行8列的星号图形呢？

生：（讨论得出）只要修改上题中外循环的终值为9。

师：9行9列的星号图形呢？

生：（讨论得出）只要修改内循环的终值为9。

师：直角的星号图形（出示图形）如何输出？

生：（观察讨论得出）修改内循环的终值为k（外循环的变量）。

师：直角的"#"号图形呢？

生：（讨论得出）只需把内循环体中打印语句中的"*"改为"#"。

师：这个图形（九九乘法表，见图2）呢？

```
1×1=1
1×2=2    2×2=4
1×3=3    2×3=6    3×3=9
1×4=4    2×4=8    3×4=12   4×4=16
1×5=5    2×5=10   3×5=15   4×5=20   5×5=25
1×6=6    2×6=12   3×6=18   4×6=24   5×6=30   6×6=36
1×7=7    2×7=14   3×7=21   4×7=28   5×7=35   6×7=42   7×7=49
1×8=8    2×8=16   3×8=24   4×8=32   5×8=40   6×8=48   7×8=56   8×8=64
1×9=9    2×9=18   3×9=27   4×9=36   5×9=45   6×9=54   7×9=63   8×9=72   9×9=81
```

图2

师生共同分析得出：只需将上例内循环中打印语句中的"#"号改为"k;"*";I;"=";k*I"。

设计意图：从简单矩形到九九乘法表的输入，层层推进，逐步引导学生思考理解内外循环的功能，学会循环嵌套结构的使用，达到学业水平要求，培养学生观察能力，训练学生举一反三的思维，提高计算思维能力。

4.合作探究，突破难点，活学活用（8分钟）

师：参考学过的累加累乘程序，编写程序求1！+2！+…+10！。

生：分组讨论，自主探究，尝试编程。

师：根据学生的答案做出分析评价，鼓励多种思路创新解答。

设计意图：帮助学生加深对循环嵌套结构的理解，考查学生能否灵活运用，使学生思维不再只局限在循环嵌套作图上，也能提高学生利用信息技术解决实际问题的能力。

5.做好小结，巩固新知，再攀高峰（4分钟）

（1）课堂小结

（师生共同总结）

设计意图：了解学生对本节课重点、难点的把握程度，提高学生对知识的梳理能力和口头表达能力。

（2）布置作业

编写程序求2！+4！+6！+8！+…+100！

设计意图：通过此例拓展学习，让学生巩固新知，再攀高峰。

中篇 教学实践

七、教学反思

1. 成功之处

教材处理方面，没有生搬硬套课本提供的例子（打印九九乘法表），而是根据学生的认知特点和实际能力，从学生感兴趣的图形入手进行教学，由浅入深，逐步为乘法表做铺垫。这样可以较大程度地激发学生的学习热情，避免了一谈程序设计就要介绍代码、语法而导致学生感到枯燥乏味的情况。同时，教学重点经过这样"坡度设缓"后，学生掌握起来也水到渠成，教学难点也一攻即破。

教学方法方面，采用了递推诱思、任务驱动、合作探究等方法。结合《高中信息技术课程标准（2017年）》要求，整节课，教师变教为诱，学生变学为思，在完成不同层次的任务中实现了知识的传递和巩固。在自主探究过程中既培养了学生利用信息技术分析问题和解决问题的能力，也在体验成功中增强了自信，培养了信息技术学科核心素养。

2. 不足之处

（1）诱导语言不够灵活，不够风趣。

（2）例子较多，基础不好的学生思维有点跟不上。

"邮件合并"微课教学设计

一、微课名称

邮件合并

二、课程所属学科

信息技术

三、所属课程

计算机应用基础

四、教学背景

《计算机应用基础》课程以普及计算机文化、培养学生专业应用能力、训练计算机思维能力为教学目标，课程定位于培养学生掌握计算机基础知识、技术与方法，为社会培养合格的计算机应用人才，服务于学生的专业课程学习，服务于工作岗位，为今后进一步学习计算机有关知识打下坚实基础。

微课"邮件合并"是为解决工作、生活中批量制作邀请函、成绩单、工资条、标签、荣誉证书、工作证件等烦琐工作，而提出的一种解决问题的方法，由此学习Word文件中的邮件合并功能。通过邮件合并可自动、批量生成此类文档，为您轻松解决烦琐的工作。

中篇 教学实践

五、教学目标

（1）认识Word文件中的邮件合并功能；

（2）通过批量生成录取通知书学习邮件合并的操作步骤；

（3）学会邮件合并中常见问题的解决办法。

六、教学方法

（1）启发式教学：通过小动画创设问题的情境，导入课程激发学生兴趣。

（2）任务驱动：通过批量制作录取通知书，学习知识点。

（3）问题导向：课程以问题为导向，在不断解决问题的过程中引导学生掌握邮件合并的操作步骤以及对常见照片、日期、数据格式等问题的解决。

七、课程设计思路

（1）呈现问题：通过小动画创设问题情境，呈现工作中批量制作录取通知书、会议出席证、成绩条、会议室座位表等烦琐事务。

（2）发现方法：通过视频介绍邮件合并。引入Word中邮件合并的功能，如何实现自动、批量生成文档。

（3）案例实践：引入具体案例批量制作录取通知书，学习邮件合并操作步骤。

（4）解决问题：练一练环节举一反三学习邮件合并信函、目录和标签等不同合并方式，并针对出现的照片问题、日期问题和数据格式问题等提出解决办法。

八、教学总结

本微课主要介绍"计算机应用基础"课程中一个非常实用的知识点"邮件合并"。通过动画创设问题的情境导入课程的主题，用视频介绍邮件合并的功能、原理，用批量制作录取通知书具体案例学习合并操作步骤，针对出现的照片问题、日期问题和数据格式问题等提出具体解决办法，最后归纳教学知识点，课程练习强化学生对知识的认识及动手能力。

本微课以教材为依托，以实际生活应用为依据，采用启发式的教学方法，通过动画、视频等多媒体技术带动学生从未知到了解，从认识到应用，引导学生发现问题，利用邮件合并解决批量制作录取通知书、邀请函、工资条、成绩单、技能证书、信封、员工卡、会议室座位表等实际工作问题。

"做一个简单的VB程序"教学设计

一、模块

VB应用程序建立的方法。

二、教学任务

登录界面的设计。

三、授课班级

高二电脑班。

四、教学目的和要求

通过训练使学生了解本学期VB的学习方向，熟悉VB集成开发环境，掌握VB应用程序建立的方法。

五、教学目标

1. 能力（技能）目标

（1）能熟练进行简单VB程序的建立。

（2）能使用VB帮助系统。

2. 知识目标

（1）设计界面。

（2）设计属性。

（3）编写代码。

（4）运行与修改工程。

（5）保存工程。

（6）编译工程。

六、教学重难点及解决方法

（1）重难点：VB应用程序建立的步骤。

（2）解决办法：第一步引导学生跟老师做一遍；第二步再强调其重点；第三步老师把容易出错的地方指出来，提醒学生在操作时注意；第四步学生自己练习，个别辅导答疑；第五步作业评价。

七、课前准备

（1）制作好一个打靶游戏。

（2）制作一些简单的并跟工作相关的应用小程序。

八、教学过程（见表1）

表1

步骤	教学内容	教学方法	教学手段	学生活动	时间分配
组织教学	1.点名考勤 2.自我介绍（联系方式）	互动			2分钟
课程的整体介绍	1.先用教师机播放《VB教学实例程序演示系统》软件，将几个用VB编写的、有趣的典型应用程序实例，例如：倒计时、滚动字幕、学生学籍管理、自制IE浏览器等演示给学生，引入本课程，以提高学生的感性认识及学习兴趣。	作品展示	屏幕演示	互动	8分钟

步骤	教学内容	教学方法	教学手段	学生活动	时间分配
课程的整体介绍	2.有哪些同学见过或使用过VB应用程序？请举例说明。 3.告知本课程所学的内容、总体安排、教材的选取、上课的方式等信息，告知学生有一个主线能力训练项目贯穿本课程，强调每次课的重要性和连贯性。 4.告知学生本课程的考核方式，要求学生明确教学目标，认真对待每一节课。	提问 展示讲授			
情境导入	1.让学生打开事先准备的打靶游戏娱乐一下。 2.告知学生游戏的制作过程，介绍VB应用程序的概念。 3.告知学生我们先来认识一下VB应用程序建立的过程，从而建立我们整个学期的学习方向。	讲授	网络教室教学	体验操作	5分钟
操作示范	例题：程序运行后，显示出"登录"窗口，如果输入了正确的用户名和密码，单击"登录"按钮，将显示"显示窗口"，并同时关闭"登录窗口"，单击"显示窗口"的空白处将在窗体上显示"欢迎学习使用VB！"，单击"结束"按钮，即可退出程序。如果输入了错误的用户名和密码，将显示错误提示信息。				总54分钟
独立探索操作示范	任务一：设计界面 第一步：新建工程； 第二步：添加控件。 练习：设置课本P12页Form2窗体界面。				10分钟
	任务二：设置属性 利用属性窗口创建每个对象的属性。 练习：设置Form2窗口中对象的属性。	讲授互动	多媒体演示		13分钟

步骤	教学内容	教学方法	教学手段	学生活动	时间分配
独立探索	**任务三：编写代码** 双击"登录窗口"中"登录"按钮，打开代码窗口，同时在Click事件过程中编写代码。 练习： 1.编写"登录窗口"中的"退出"的Click事件过程中的代码。 2.在"显示窗口"中编写相应的程序代码。			互动 动手操作 协作学习	15分钟
操作示范学生操练	**任务四：运行与修改工程** 1.运行工程。 2.修改工程。				8分钟
	任务五：保存工程 保存工程是对窗体文件*.frm和工程文件*.vbp两部分进行保存。				4分钟
	任务六：编译工程 选择菜单"文件"——"生成工程1.exe"命令，打开"生成工程"对话框，输入文件名，选择保存位置即可完成该VB工程的编译	个别辅导	网络教学		4分钟
巩固练习	1.将上例练习，补充完整。 2.学生任务单中的实训任务。 3.实训拓展：编写文本显示器。 编写文本显示器应用程序，界面如下图所示，单击"显示"按钮时文本框中显示"你真棒！"单击"清除"钮时，文本框中的内容被清空。单击"关闭"按钮，退出程序。 文本显示器 你真棒！ 显示　清除　关闭	个别辅导网上答疑	网络教学	协作学习	45分钟

中篇 教学实践

步骤	教学内容	教学方法	教学手段	学生活动	时间分配
作品展示	对未完成任务的个别同学的作品进行展示，老师和学生共同评价并及时纠正，给予正确的讲解。	讲解		互动 代表发言	15分钟
小结	1.学会了什么？VB各部分的主要功能有哪些？ 2.重点难点、注意事项。	提问 教师总结		互动	5分钟
作业	进一步练习VB应用程序的建立，要求对VB语言有一个较为完整的认识。				1分钟

下篇

总结反思

项目开发教学法在VB课程中的应用

——"VB程序设计"课程的教学改革与实施办法总结

一、"VB程序设计"课程教学设计以往存在的问题

1. 缺乏知识的整体应用和实际工程项目的开发训练

以往的教学设计按部就班地学习VB程序设计的知识点，没有依托完整的实际项目，令学生对知识点的学习感到支离破碎、不成整体，容易遗忘，而且没有工程项目开发实际技能的历练和体验，无法直接感受所学知识在实际工作中的地位和作用，影响学习效果。

2. 教学与考试过分强调编程理论和算法分析，认证考试不易通过

以往的教学设计面向全国计算机等级考试的二级证书考试，该考试过分强调程序设计的理论和算法的分析，难度大，记忆成分多，学生不易掌握，认证考试不易通过，导致有的学生考了三年甚至四年都没有通过，给学生带来很大压力，也影响学生取得毕业资格。

二、"VB程序设计"课程的教学改革思路

为改进"VB程序设计"课程以往教学设计存在的问题，我们对教学目标做出新的定位，引入"项目开发教学法"进行新的教学设计，引导学生参加新的更加实用的认证考试。

1. 教学目标的重新定位

"VB程序设计"课程的教学目标定位为：在掌握编程基本方法和思路的基础上重点掌握以数据库为数据源的简单信息管理程序的编写，形成良好的编程习惯，提高学生的学习能力以及分析问题和解决问题的能力。把以教师为中心的"灌注式"教学改变为以学员为中心的"主动探索式"学习。

2. 采用"项目开发教学法"进行教学设计

项目开发教学法是指在教学中引入若干个项目案例，按照实际软件开发中的方法与步骤展开教学。项目开发教学法选择传统的生命周期开发方法作为教学设计的主线，再穿插介绍面向对象和可视化软件开发方法。

软件开发周期划分为若干个阶段，每个阶段有相对独立的任务，然后逐步完成每个阶段的任务。项目开发教学法根据项目开发的若干阶段，在教学设计上也形成几个教学步骤：计划分析、需求分析、整体设计、程序实现、程序调试。

3. 引导学生参加全国计算机应用技术证书（NIT）考试

全国计算机应用技术证书考试（简称"NIT考试"）也是教育部考试中心主持的技能证书考试。该认证考试注重整体程序设计的实际操作，而不是注重程序设计的理论和算法的分析，与新的教学目标和"项目开发教学法"的教学设计思路一致，与高职教育理念也是完全一致的。

三、项目开发教学法的实施办法

1. 项目驱动，以项目群覆盖知识面

项目开发教学法以若干个实际项目案例为载体，引导学生通过项目设计开发的实际训练，掌握计算机程序设计的方法和技巧。教学中所有项目案例的总和要尽量覆盖预定教学目标的各个知识点，形成一个循序渐进、种类多样的项目群，构建一个完整的教学设计布局。

下篇 总结反思

为了最大范围地让学生涉足各种各样的实际工程项目，所选项目必须具备趣味性、实用性、完整性等特征。每个项目的规模不要很大，知识点不要面面俱到，应该有明显的主题或突出的重点。

2. 问题引导，以问题为线索组织教学

在项目设计训练过程中，教师以软件开发步骤为顺序，设置该项目程序设计所遇到的各种问题，并以这些问题为线索展开教学。问题引导包括三个层次，各个层次按自顶向下，从抽象到具体的顺序进行，如图1所示。

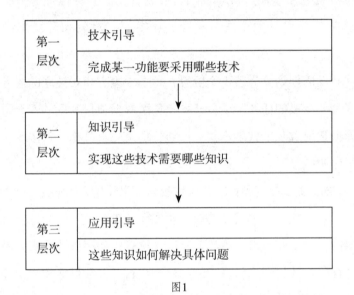

图1

3. 实训为主，以学生为主体，突出技能训练

对于逻辑性、实践性很强的程序设计方法，学生不是听会的，也不是看会的，要通过实际项目的反复训练才能掌握其技巧。在教学实施过程中，以学生为主体，以项目的实际训练为主导，把学生推到项目活动中去。教师只是提供一个经过精心设计的教学情境，充当问题引导的组织者，引导学生在对问题的探讨中寻求项目的解决方案、思路和最终的解决办法。

4. 知识服务于项目，理论以够用为度

无论是数据基础知识，还是逻辑性强的程序结构与设计方法，都以项目为服务对象，并且以够用为度，用到什么讲什么。

四、利用项目开发教学法对课程进行宏观设计

作为信息技术类的专业基础课，VB程序设计的教学目标是：让学生掌握编程的基本思想、基本算法与解题思路。在此基础上重点掌握以数据库为数据源的简单信息管理程序的编写，并形成良好的编程习惯，提高学生的职业素养，培养学生的学习能力以及分析问题和解决问题的能力。

根据教学目标，VB程序设计的教学知识点主要包括：对象和窗体概念、代码基础、程序基本结构、数组、过程、控件、菜单设计、对话框设计、文件读写、数据库等。

结合项目开发教学法的实施原则，我们在实际教学中精选出以下项目群，贯穿VB程序设计的整个教学过程，形成VB程序设计的宏观教学设计。

1. 计算器

模仿Windows中的计算器，该项目主要训练学生如下知识点：简单控件、变量与表达式、函数等。该项目比较简单，适合作为教学中的第一个项目。

2. 基于多窗体的信息查询及金额计算系统

该项目涉及的知识点包括：多窗体、过程、Timer控件（在窗体中加入滚动字幕）、日期和时间函数（在主窗体中加入当前日期和当前时间）。

3. 照片浏览器和文件浏览器

该项目是一个实用有趣的程序。涉及的主要知识点有：PictureBox、Image、DriveListBox、DirListBox、FileListBox和RichTextBox等控件，以及

下篇 总结反思

图片输出、文件输出等操作。

4. 洪水水位监控程序

这是实际工作中众多实时监控程序的一种，洪水水位监控程序的设计能使学生更有实际工程应用的感觉。这个监控程序涉及的知识点有：计时器Timer控件的应用、程序中如何用Line绘制动态变化的直线、坐标的动态计算以及Width和Height属性与坐标的计算关系。

5. 以文本文件为数据源的通信簿程序

该项目的知识点主要是文件读写操作（或FSO对象应用）。文件读写操作或FSO应用比较难以理解，在VB程序设计教学中是一个难点。

6. 基于ADO接口的学生成绩管理

学生成绩管理是一个典型的基于数据库的实用项目，涉及的知识点包括：创建Access数据库，引入ADO接口控件连接数据库和数据表，设计程序界面，编写包括浏览、查询、添加、保存、删除等功能在内的成绩管理操作。

五、教学效果

项目开发教学法的应用，使VB程序设计课程在宏观教学设计上实现"以项目群覆盖知识面，以项目体系构成教学布局"，突破以知识点的层次递进为体系的传统教学模式。每个项目的具体教学过程则体现VB程序设计课程在课堂微观教学设计上的新思路，这种新思路主要表现在，教学过程中始终贯彻"问题引导、项目驱动、实训为主、讲练结合、（理论）够用为度"的原则，使学生在学习每个新知识点时，都有一个完整的、实际的、具体的、有形的项目作为知识的联想和应用载体，避免停留在抽象枯燥的理论层面。

一年以来的教学实践证明，项目开发教学法的应用极大地激发了学生的学习兴趣，提高了学生的学习效率和学习效果，学生对该课程所有任课教师的教学评价显著提高。上学期"VB程序设计"课程学生评教平均分由84.41分提高到87.94分，并且，几乎所有被评老师的分数都有所提高。

采用以上教学改革措施的学生参加全国计算机应用技术证书（NIT）考试，第一批考生的通过率超过80%，技能证书认证考试取得了较好的成绩。

加强交流学习，引领教师专业成长

各位领导、各位老师：

早上好！

首先很感谢县职教中心组给我提供了这样一个与大家交流学习的机会。詹校长打电话说让我跟大家交流一下有关说课比赛的一些情况。那么我想借说课比赛谈一谈咱们教师的专业学习发展情况。我从1999年毕业后就一直在贡天职校教授计算机课程，尽管在这14年中计算机的发展日新月异，但我们所教授给学生的东西却变化不大，与社会实在是脱节太多，许多知识根本就跟不上实际的岗位能力要求。大家都知道，要想教出高水平的学生，必须有高质量的教师队伍。而处在经济欠发达地区的我们，能够外出交流学习的机会太少了。为此，当看到有说课比赛这样一个通知时，我就想着借这个机会好好地走出去学习一下，一开始对说课一无所知，于是我就在网上下载说课的资料进行学习，然后不断修改完善自己的作品设计，到最后现场的交流，我觉得对说课比赛也好，对教学理念、教学方法也好，我都有了一个新的认识与提高。下面我就跟大家一起来分享。

一、竞赛概况

全国中等职业学校"创新杯"教师教学设计与说课比赛，是由全国职业技术教育学会与高等教育出版社联合主办，分别在2006年、2008年、2010年、2012年与2013年各举办了一次，涵盖了计算机类、电子电工、汽车与维修、学前教育、德育、语文、数学等近20个学科，由各省选拔选手参加。所以各省都会事先组织举行省赛，由专家评委从教学设计、内容呈现、技术应用、创新与实用、仪容仪表等方面对参赛选手进行考核。

在比赛过程中，我们看到许多青年教师甚至老教师都踊跃参加，各参赛学校也都派出领导、教师进行观摩学习。大赛为青年教师提供了一个学习交流的好机会，让更多观摩大赛的教师能够近距离欣赏全省乃至全国教坛新秀高超的教学艺术，从点评中领略名师的学术研究风范，引领他们进入教改理论与实践前沿，分享最新研究成果，把握创新教学理念脉搏，感悟前瞻性的教学思想。下面我将从教材处理、教学过程设计、教学手段以及以赛促教促学来具体说一说竞赛收获，也是教改的经验。

二、竞赛收获

1. 钻研教材，处理整合教材（过滤、还原与重构）

在比赛中交流学习也好，在平时的教学中实践也好，我都深刻地体会到教材的处理对中职教学的重要性。一方面要用教材，理解教材编写的意图、渗透的理念；另一方面要根据学生的实际，对教材内容进行重组、补充、加工，创造性地使用教材。我们知道中职学生就学习能力与水平而言，是无法接受一般难度以上的文化课与专业课教学的，因此在教材的处理上，第一，要去除过多过难的知识，降低难度，保证学生"学得会"，特别要强调实用、够用原则。为适应本校具体教学条件和学生的具体情况，我们还应鼓励教师自编校本教材。（这是顺德胡锦超职校自编教材的图片）

第二，就是要与其他学科进行整合。比如，英语与专业课程结合，数学与计算机编程语言结合，美术课与图形图像处理课程结合等。

第三，就是教材的处理上要为专业服务，为学生就业服务，为地方经济发展服务。比如，在大赛中我们看到同样是计算机应用基础课程，针对烹饪专业，Word排版教学中的文本、图片就选用菜品、菜单、烹饪步骤等素材；针对药理专业，在讲授Excel时选用的是药品入库、出库的实际案例等。也就是说，在课程中选用的案例大家应尽可能地贴近专业、贴近就业岗位、贴近地方经济等。这里再举个例子：中山市东凤镇理工学校黎帝兴虽然在省赛时他只得了三等奖，但从说课中可以看到他们学校与企业的合作很成功，他的Flash动画课程是与企业挂钩的，学生学得好，有好的作品是可以得到企业相应的奖学金的，因此他们的课程内容会相应地与企业的需求相对应，这一点我觉得很值得我们学习。全国职业技术学会会长周南岳老师在点评时说："不要以为校企合作是校长的事，其实校企合作更多的是我们在一线教书的老师的事，如果我们所教给学生的东西已经跟现在职业技术要求相脱节，我们还拿什么跟人家企业合作呢？"

2. 教学过程的设计（既不能单纯重复经典，又要上出特色）

对于教学过程的设计，针对中职生的特点，在教学过程中要突出以学生为主体、教师为主导原则，特别是技能课，要能充分体现出"做中学，做中教"的职业教育教学特色。现在我们学校基本有条件能让专业课都在实训室上，那么我们的教学模式也要有所改进，教师应借用实训设备避免大篇幅地讲理论，而应让学生尽可能地多动手操作，在操作中去体会、去掌握知识点。在教学方法上可采用"角色扮演法""模拟教学法""项目教学法"等行为导向教学方法。还要注意课堂的延伸（课前、课中、课后），一节课不只是45分钟，还应延伸到课前、课后。比如计算机应用基础课中的计算机硬件系统一节，这位老师是在课前使用学案引导学生有针对性地预习，课后通过拓展演练、评价系统等做好巩固评价。

3. 教学手段的使用（教育教学技术的应用）

出去观摩学习一番，才真正地领略到很多现代教育教学手段的应用是如此的强大。

高教社有许多教学用的课件、仿真软件（比如计算机硬件安装与维修课、汽车维修课）、实验动画、评价系统等。

4. 以赛促教，以赛促学

下面，我想测测大家，听说过"文明风采"比赛吗？听说过"技能大赛"吗？2009年，广东省就提出"普通高中有高考，职业教育有技能大赛"。实际上技能大赛已成为教学改革的指挥棒。今天刚好我们学校有位老师到顺德去参加计算机类中的"图形图像处理"比赛项目辅导老师的培训。我觉得这个特别好。即使目前我们还没办法派出学生去参赛，但我们正在朝这个方向努力着。同时，我也觉得，如果有能力的话，在目前我们这种相对落后的情况下，由领导与一线教师共同出去学习会比由一位教师单枪匹马去奋斗强。或者可以请一些专家来我们这里开讲座培训，让更多的教师在教改方面、在实践前沿方面受到激发和启迪。作为经济欠发达地区的中职教育的发展，我们可能缺乏资金，可能缺乏先进的教学设备，但同时我们最缺乏的是教师的学习发展。如果我们的教师不能更新知识，不能对外交流学习，即便有先进的设备可能也会因为不会用而浪费。我们真不能再闭门造车了，不然不但不会进步，还有被淘汰的危险。让我们请进来，走出去，以赛促教，了解前沿，更新理念，学习新知，共创美好。

谢谢大家！讲得不足之处，敬请大家指正。

不忘初心，砥砺奋进

尊敬的各位领导，亲爱的各位来宾：

大家好！

我是来自饶平县贡天职业技术学校的张良环，很高兴能和大家在这里相遇、相识。此时内心充满着感激，感谢组织部的领导同志为这次评审工作付出的努力和辛劳！感谢大力支持我的各位朋友！当然，更加感谢各位领导对人才的重视！

弹指一挥间，自1999年参加工作到职业教育这块已经有18个年头了。这18年来，曾不止一次有人劝我说，你的专业这么好，调到别的学校吧，职校没有什么前途的。也曾有如深圳二职等发达地区的职校向我伸出过橄榄枝。但每次我都一笑而过，因为我知道，职业教育太需要被社会认可了，我们县的职业教育太需要专业人才了！大家知道，九年义务教育结束后大批初中所谓差生是无法进入普通高中继续学习的，而这些基础较差的十六七岁的孩子，如果不好好引导、培养，那将给社会带来多大的负担啊？因此社会需要职业教育，唯有职业教育面向人人，有教无类，能够开辟出就业或升学等多样化的成才通道。因此我觉得在职业教育这里找到了自身价值，我愿意将我最美的青春献给职业教育。

当然，也有人认为，在职校，没有升学压力，工作很轻松嘛！可我要说，错，大错特错。职校学生不但大多数是学困生，而且一部分学生更是"调皮生"、行为失控生，或是家境贫困生。要把他们培养成才，难度可想而知。有时教育一个学生，还真的是连带教育整个家庭。很多学生工作真是难以想象的多，像这学期从其他学校调来贡天的老师都说，真想不到职校的工作这么忙。而专业课就更不用说了，科技发展太快，稍有不慎，技术、知识就会跟不上。《爱丽丝梦游仙境》里的红桃皇后说过的一句话我觉得特别像是对我们职校的专业教师说的。她说：在我们这里，你唯有不停地奔跑，才能保持在原地。这些年来，我发表过10多篇论文，都是硬逼着自己不断充电的结果。

教育是事业，事业的意义在于献身；教育是艺术，艺术的生命在于创新。2009年，我做了学校第一个吃螃蟹的人，自己尝试自编教材《VB上机指导》一书。当时的计算机课程许多教材都是跟大专院校的教材区别不大的，特别是编程类的课程，理论性强，而且举例大多喜欢用解决数学问题的例子。大家想想，上中职的学生最怕的是什么？英语、数学，这些教材对于中职生来说，一个字"晕"。因此，2012年我又根据社会需要及学生实际大量采用了学生感兴趣的生活例子，自编了《VB程序设计案例教程》一书，这些教材目前一直在用，今年刚刚送去参加省第四届校本课程资源评审。2012年，已经评过高级职称的我，偶然的机会看到说课比赛，当时的想法很简单，我还没见过说课是什么样的，作为一种新型的教研活动形式，我得去了解了解。于是我单枪匹马就闯到了顺德，去到那里，我才发现原来别人家的职校是带着一个团队去的，从教学设计到课件设计，再到现场说课及赛场跟踪录像，是由一个团队去完成的，而我呢，全部自己来。当时有老师问我，你都评过高级了，还来干吗？我说，我就是来学习的。那一次学习，意义效果非凡，我拿了个全国一等奖，这成绩在咱们县教育系统应该屈指可数吧。2013年，我被评选为饶平县第八届县管优秀人才，面对殊荣，唯有更加努力。为此，我第一个做起网络课程，第一个带着学校的老师申报了潮州市"十二五"规划课题——"以信息技术为核心的校本研修研究"，该课题填补了学校课题研究的空白，大大提高了学校教师信息化教学的能力，其间在我的组织与指导下，先后有2位教师参加广东省中职教师信息化教学大赛并获得二等奖，去年有4位教师参加广东省青年教师教学能力比赛并分获二、三等奖（整个潮州市只有7位参加，我们学校就占了4位）。该课题也获得第四届潮州市教学成果奖一等奖，也被作为唯一一个职业教育教学成果奖送省参加评选。虽然在89个参赛作品中只有29个获奖而我们无缘，但我们也看到了努力的方向。29个获奖作品均是广州、佛山、珠海、深圳4个发达地区的，我们跟他们相比，在师资上、在办学模式上、在经费上差距实在是太大了。我们的专业课老师太少了，一门课程就一个老师，甚至部分专业课程还找不到专业教师。再有科研经费上，广州商贸旅游学校的吴浩宏校长（曾任我们县柘林中学的校长、华侨中学的校长），他主持的"中职'茶艺与茶营销'专业人才培养模式探索与实践"，他们的项目经费接近200万元，而我们的项目研究经费是多少呢，3.5万元。

有幸成为第九届县管优秀人才，这是对我工作的一种认可和肯定，然而我更知道肯定的背后是更多的责任。回望过去，我感恩领导的大力支持；展望未来，我将不忘初心，砥砺奋进，愿自己能做：一个身兼多能，受学生喜欢爱戴的教师！一个永远扎根饶平、扎根职教，努力为家乡发展提供正能量的教师！

磨炼　提升　蜕变

——名师工程培训总结

潮州市十百千人才培训工程高中名教师培养即将落下帷幕，三年来，在潮州市教育局的关心下，在韩山师范学院的精心指导下，在班主任老师、成人教育学院庄院长的具体培养下，我们收获满满。三年的培训，对我来说是一种磨炼，是一种提升，更是一种蜕变。

一、三年的培训是一种磨炼

是一种磨炼，是要求。从参加工作至今已经10多年，这10多年来，参加的各种培训不计其数，起初的时候，我没有想到这次培训的艰难，只是觉得这次培训比任何一次时间都要长，可最后发现，一旦投入到培训中，便有了深切的磨炼的体会。

1. 培训时间长

每个学年培训1至2次，每次培训均需要一周左右，这种培训整整经历了三年多，这三年当中，我们在成教学院老师的带领下，从本市到外市韶关；从省内到省外杭州，我们体验了从市内到省内，从省内到全国的教育教学的变化，学习了各地教改先进做法和典型经验，我们的脚步越走越远，思维也越走越深。

2. 培训过程严

三年的培训，成教学院的老师以身作则，对我们严格要求。严格培训

下篇
总结反思

过程、严格参训纪律，每次的集中培训均是全封闭式管理，要求各学员严守考勤制度和请假制度，上课时不早退、不吸烟、不交头接耳，不随意走动，不做与课堂教学无关的其他事情，并将手机关机。严师出高徒，现在想来，正是有了这种严格，才保证了我们这次培训的效果。

3. 培训内容多

三年的培训层次高、内容多。给我们培训的专家、学者在国内、省内都有相当大的知名度，他们中有在教育改革中卓有成效、教育实践经验丰富的特级教师；有教学理论丰富、思想观念先进的教授和学者；有爱生如子的师德楷模。他们给我们培训的内容也是非常丰富的，有心对心交流的报告，有手把手的实践指导。他们从教学研究出发，以转变教学方式、提高教学质量和理论修养为目的，培养我们的实践智慧，使我们形成自己的教学思想和教育教学风格。

4. 培训方式新

三年的培训方式灵活多样，有集中培训，有外出考察，有小组研修，也有示范引领等各类活动。通过这些活动，使我们在教育教学活动的设计、组织与实施、激励与评价、沟通与合作、反思与发展、教育科研等多个维度持续磨炼，持续改进。

正是有了这一点一滴的磨炼，我们才得到了锻炼；正是有了这种磨炼，才能加深同学之间的友情，师生之间的亲情。磨炼是一种经历，更是一种财富。

二、三年的培训是一种提升

培训是提升，听专家们的报告，总是心里很激动，他们就是能把问题讲到点上，把点融入教学实践中。使我们眼睛一亮，茅塞顿开。

1. 自己的教学能力有了很大的提升

三年的培训，我和这么多优秀的老师一起听课，一起讨论交流，一起研究教法学法，深深感受到自己和名师有很大的差距。三年内，我们除了阅读大量理论知识，还聆听了多场高层次的专题报告，观摩了各种类型的优质示范课，通过学习别人的优点，用于改进自己的课堂教学。长时间的培训，量变引起了质变，我深感自己的教学能力有了很大的提升：教学思路灵活了，教学手段增多了，教学的应变能力增强了，更重要的是对自己的教学有了新的目标和方向，对新课改有了新的认识。深刻体会到新课程教学应该是："学生是学习的主体，他们应该在老师的指导下，通过自己亲自去体验、尝试，来逐渐学会生活、学会学习，从而达到从学会到会学的目的。教师要从各个方面来培养学生探究事物的兴趣和积极的态度，让他们不以学为苦，而做到以学为乐。

2. 自己的教学视野有了很大的提升

通过聆听特级教师的报告、学习和吸收专家们的先进教学理念，对我的教学实践有着直接的指导意义。通过到各个地方听课，跟各地老师一起上课，使我不但能从这些教师身上琢磨教学设计、处理问题的方法和与学生互动的方式，同时也使我能充分了解各地的教学改革，使我的教学理念始终保持领先。

三年来，通过对中职计算机相关教材、课程标准的解读以及对中职计算机教学的具体方法、途径的钻研，对教材教法进行深入细致的研究和实践，使我对中职计算机教学今后的走向和变革有了一个清醒的认识。这些变化最终使我们的教学视野得到了开阔，为形成自己独特的教学风格打下了坚实的基础。

3. 合作共享有了很大的提升

美国学者布莱克曼指出："教师专业发展在本质上乃是同事间不断经由意见交换、感受分享、观念刺激、沟通讨论等来完成的。"三年来，培训班成为我们一个良好的合作共享的环境和平台。这种交流与合作不但体现在培训期间，还延伸到培训之外，至今，80多位同学不管谁遇到教学的困难，只要在QQ群中发出信息，大家都相互交流沟通、相互指导。这种交流和合作使大家都受益匪浅。

三年来，同学们一起合作编写教学资料，一起研究教学改革，相互邀请到自己学校指导教学工作，从而使得我们的培训不但出现在固定的时

下篇 总结反思

间，也出现在培训之外，合作共享已经成为我们同学的一种资源。

三、三年的培训是一种蜕变

通过培训，我的教育理念得到了更新、教学思路得到了拓宽、对新课程改革的认识与实践得到了一个质的飞跃。三年的培训让我从一名普通教师转变成为能随时拉得出去上一节示范课，能随时站在讲堂做专题报告的科研型老师，完成了我教学生涯的一种蜕变。

1. 三年来自己收获满满

三年的培训时间，除了完成名师工程的各项作业以外，还承担了学校潮州市教育科学"十二五"规划课题"以信息化技术为核心的校本研修研究"的建设与研究，2016年10月课题以研究成果显著而结题，它成为我校第一个真正意义上的课题，也让我成为贡天职校有史以来课题研究第一人；2014年，我所撰写的《探究VB的IF选择结构》在第三届全国中小学教师教育技术能力建设计划应用成果评比活动中获得教学设计方案三等奖；我撰写的论文《欠发达地区中职教师专业发展现状、问题及对策探析》《提升欠发达地区中职教师信息化教学能力的新思路》分别发表于《广东教育·职教》（2014年第1期）、《广东教育·职教》（2016年第4期）；论文1篇在"2015年全国职业教育信息化优秀论文评审"中荣获优秀奖；在周边地区教育部门及学校做专题报告近10场。三年的时间，在学校及周边地区上示范课近10节，大大锻炼了自己的能力，同时也逐渐形成了自己"新、活、趣、实"的教学风格。

2. 教学思想完成了蜕变

（1）深刻认识到读书、实践、思考、总结是名师成长的基本方法

特级教师于永正说："保持教育理性状态的前提是群体具有反思能力。而名师就处于反思的'多震地带'。"

优秀教师的学习都是自觉的。学习使人进步，但学习也可能束缚人的思想。青年教师要自觉学习，更要敢于实践，实践比学习更重要。实践可能出错，但是，不能怕出错就不敢实践。一个教师如果能够把阅读视野不

断扩大到更广的领域，并且能够有效地汲取经典中的营养，就为自己提供了一条走向名师的途径。教师广泛阅读，进而厚积薄发，在不断的积累中对自己的教学进行批判性的反思，不仅能够使自己的课堂教学越来越游刃有余，而且能时时体会到教学的真正乐趣。

（2）深刻认识到名师必须坚持高尚的情操，做到身正为范

早在汉朝时，扬雄就提出了"师者，人之模范也"的光辉命题。其实，扬雄所言的就是名师的率先垂范作用。现在看来，名师对学生的率先垂范作用，就是名师能够通过自身的德识才学与卓越工作，对学生起到带头、示范与榜样的作用。名师因备受学生尊重，所以对学生的影响比一般教师更大、更深。

（3）深刻认识到名师要善于学习和敢于创新，努力促进自己的专业成长

名师主要是通过自身的学识、修养、能力来获得学生、家长、社会、国家等公共空间的认同，从名师成长的机理看，学习和创新是不可缺少的因素。优秀教师共有的一个突出特点，就是在实践基础上刻苦地学习与积极地反思，最终实现充满个性的创新。教师不能没有独特的风格，不能没有鲜明的个性。随波逐流、循规蹈矩是自己成长最大的敌人。人云亦云的尽量不云，老生常谈的尽量不谈，要学会独立思考，而不是跟着"风"跑。对自己的教学，不要考虑完美，要考虑最有特色。优秀教师都善于把日常烦琐的工作和科研、创新融为一体。名师成长需要心智支撑，要有攀登高峰的勇气，也要有完善自我的明智，心智的丰富和开放是名师成长的方式实质。

四、培训只有起点，没有终点

名师不是打造出来的，也不是培养出来的，而是在学习和实践中积淀出来的，三年的培训即将结束，回首这一路走来的点点滴滴，都让我受益匪浅、感悟至深。自己还应在以下几个方面努力：一是加强文化修养，提高自身综合素质，具备较厚重的文化积淀，从而使课堂教学张弛开合自

下篇 总结反思

如，提高驾驭课堂的能力；二是进一步进行积极的情感体验，在课堂上继续保持住激情，加强与学生的情感交流，努力营造和谐、宽松、民主、热烈的气氛。完善自己的教学风格，提炼自己的教育教学思想。

三年的培养告一个段落，但我知道，教学生涯就如跑道，在这条跑道上，只有起点，没有终点。

思想有多远，就能走多远

各位导师，各位同行：

大家好！我是来自饶平县贡天职业技术学校的张良环。下面我要跟大家分享的题目是"思想有多远，就能走多远"。

师者，传道授业解惑也。授业解惑的老师，是有一定的教学技能的老师，是经师；经磨砺而形成了自己的教学风格和模式的老师，可以成为能师；然而教学的最高境界是人师。达到人师之境的教师应该要有自己的教育思想，他（她）不仅教书，而且传道育人，能够教给学生远比教材和书本多得多的东西。

人师之境，是我们在座所有人的最高追求。而潮州市十百千人才培训工程高中名师班也正是在帮助大家一起向这个追求迈进，这是真正意义上思想的碰撞、理论的提升、理念的转变以及教学反思的一系列过程。

一、在反思中找准方向

2014年7月，我们这个名师班第一次集中封闭式研修活动。通过首次短短一个星期的培训，我意识到我的教学风格不明显，或者说是教学风格虽有"形"但无"神"（没有思想），大多时候我的教学或者教研都只是为了做而做。而通过导师团队的首次培训，令我感触良多，我反思着自己的学习行为、教学活动以及自身人格，并在我的听课笔记上写了"思想、开发、责任"。

下篇 总结反思

"思想"，是教育的基石和灵魂，教育需要思想、需要有思想的老师。没有思想的老师只是教书的机器，谈不上个性的魅力和人格的魅力。有思想的教师在教学生时有自己的思考，有自己独到的感受，讲得游刃有余，课堂生风。正是有了自己的思想，魏书生轻轻松松的教育，李镇西的和孩子们打成一片，南李北魏，无不书写了教育的新天地。为了走出个人专业发展的困境，我需重新审视我的教育教学，只有努力提炼出个人的教学主张、教育思想，才能打开自己专业发展的"天眼"。做个有思想的教师将是我前进和努力的方向。

"开发"，就是深入地了解自己，发现自己，认真地观察自己，重新审视自己。不再将自己套在所谓优秀教师的罩子里，而是面对最真实的自己，找寻属于自己的教育突破之路。

"责任"，就是作为一名教师的那种大爱精神，对学生本能的爱和关注。也许大家都认为责任应该是第一个说的，但我却放了最后，这也是我在名师班成长的一个真实过程，当我的视野变得开阔了，深入了解了自己，思想形成了，教育之路走得更坚定了，对学生也就有了更强烈的责任意识。

二、在行动中发展个性

1. 学习中思考

学习是研究的基础，名师成长之路是用书籍筑起来的。几年来，在导师们的指引下，我系统地阅读了大量的教育教学理论。如：苏霍姆林斯基的《给教师的建议》、方明的《陶行知教育名篇》、肖川的《成为有思想的教师》、汤勇的《做一个卓越而幸福的教育者》、Marilyn L. Page的《让学生都爱听你讲》，使自己的理论水平有了很大的提高，让自己的"用理解和爱换位思考""让学生乐学是第一位"等教育教学观能有根可循，有源可溯。

除了阅读，我还积极参加包括名师班的集中研修在内的各级各类研修活动，每一次的研修我都特别珍惜，特别感恩。在这里特别对研修班的导师说一声：你们辛苦了！你们的教育思想、敬业精神让我对教师职业、教师专业发展有了新的认识，谢谢你们！

2. 实践中探索

教师的研究价值在于开展行动研究，使内化的教育理念，外化为看得见、摸得着、学得来的经验，朝着"名师"的目标发展。

（1）立足课堂，锤炼自我

几年来，我从最初的聆听同事、同行、名师的公开课，到自己主动争取承担示范课、研讨课、评比课。在磨课、上课、评课、研究和总结的过程中，我得到了如广东省顺德胡锦超职业技术学校史宪美校长，浙江省特级教师、宁波市教育局职成教教研室陈建军老师，广东省职教学会电子信息技术专业指导委员会伍湘彬主任等很多著名专家名师的指导，专家名师精辟独到的指导让我得到更多的锤炼，对加快自身专业成长起到了积极的作用。就如备课，我从最初的只思考"如何教"，到后来思考"我为谁教？教什么、学生学什么？怎么教、学生怎么学？为何这样教？学生为何要这样学？"等一系列问题，从为教而教到为学而教，从教学观到课程观，从教师观到学生观，我在不断探索。也因为这样的探索，我的多个教学案例荣获国家级、省级、市级等多个奖项。

反复上公开课、示范课让我不但深挖自己的教学潜能，也逐步体现自己有效的教学特色，也为教学风格"新、活、趣、实"的形成奠定了坚实的基础。（时间关系，我在这里就不展开了）

（2）注重反思，提升自我

叶澜教授曾说："写一辈子教案，你不一定成为名师，但写三年课后反思，就有可能成为名师。"几年来，我不但大胆地在课堂上进行有目的的教学实践，我还总是以一名观察者的身份努力去发现自己教育教学实践中出现的典型事件及一些有价值的教育问题。就如2014年第一次上《赋值语句》时，本是借助空杯使"清水"与"茶水"两个杯中液体互换来模

下篇 总结反思

拟数据交换，本是自信满满地以为学生会回答用一个新的"空杯"，没想到学生却捣蛋地说"用嘴巴"。让我事后反思得到了启发，利用一系列不同大小的杯子和不同形状的果蔬篮来解释数据类型再好不过。后来这一节的公开课这一演示一直是导师、同行夸奖的亮点。也让我明白了课堂不怕出状况，有状况才会有改进，比学会操作一门软件更重要的是，学生在操作过程中培养的良好的自学能力、职业素养以及在学习过程中思考问题的方式。

由于我注重课后反思并及时总结自己有效的教育教学经验，每年都至少有1篇论文发表于正规刊物之上，也经常在学校及周边地区做研究报告。如2014年12月应饶平县职教中心组邀请做了《加强交流学习，引领教师专业成长》的中心发言，2015年5月、10月分别为全校全体教师做了《快乐教学》和《学习与发展》两个专题报告，2016年12月、2017年12月我分别以"让我们拥有从容智慧的教学生涯"和"他山之石，可以攻玉"为题给全校教师作赴杭州及赴香港研修学习分享交流。以上的交流和分享都得到了同行和有关领导的肯定和好评。

我坚信，教师只有以现代教育思想和教育理念为基础，对自己的教学实践进行理性思考，并自觉地根据反思的结果矫正自己教学中的不良行为，才能不断提高自己的专业水平。

（3）课题研究，示范引领

课题研究是名师成长的必经之路。为了锻炼自己的科研能力，2015年4月我申报了潮州市教育科学"十二五"规划课题"以信息化技术为核心的校本研修研究"。其间，在我"服务学生专业学习和终身发展"的课程教学改革目标指导下，先后有6位老师参加省级说课比赛分获二、三等奖；我撰写的论文《提升欠发达地区中职教师信息化教学能力的新思路》发表于《广东教育·职教》。课题"以信息化技术为核心的校本研修研究"填补了学校课题研究的空白，也大大提高了学校教师信息化教学能力，去年课题荣获潮州市第四届教育教学成果奖一等奖。

随着学习、实践、研究的不断深入，我对课堂、对教育、对人生的理解与认识也不断加深。名师应该有自己的教育思想、教学主张及充满个性的教学风格，而这仍是我需不断努力的方向。我也坚信，思想有多远，我们课堂才能走多远，学生才能走多远。

下篇 总结反思

创新　实效

各位领导，各位老师：

　　大家好！张主任让我在教研组长会议上来给大家讲话，实际上我诚惶诚恐，在座的教研组长中我是最后一个担当这一职责的，且很多还是我的前辈，教研组长的职责是什么、如何当好这个教研组长等，我实在是不敢班门弄斧。我今天只想跟大家聊聊在当前职业教育现代化快速发展这个大背景下，我对咱们中职学校教研组应该从哪些方向去努力的一些想法。由于时间有限，我也没做系统的准备，就从以下几点来说说。

一、紧跟步伐，更新理念，明确角色功能

　　教研组长是学校学科的带头人，在学校的发展与专业建设中应扮演什么样的角色呢？我想从教育目标的发展跟大家探讨。教育科学一路发展过来，对于培养什么样的人，我们的教学目标给出了明确定义，现在先从双基说起吧。

　　双基教学即教给学生基础知识与基本技能，双基内容被教学大纲所确定，注重教法的使用，在一定历史时期，对我们的教育发展起到重要的作用，当教育发展到一定程度后，我们必须考虑教育行为是否有利于学生心智的发展与成熟，此时我们发现双基已经不利于人的成长，因此新课改提出了三维课程目标。

　　关于三维目标，新课改方案中已提出多年，但在具体实施的过程中，有些教师总感觉很难把握，甚至在理解上出现了偏差，如不少教师把"过

程与方法"理解为教师的教学过程和教学方法。

过程，其本质是以学生认知为基础的知、情、意、行的培养和发展过程，是以智育为基础的德、智、体、美、劳全面培养和发展的过程，是学生的兴趣、能力、性格、气质等个性品质全面培养和发展的过程。过程目标的表达举例：通过学习，认识分数的发生和发展过程；通过学习，掌握商不变性质的探究过程；通过学习，理解三角形概念形成的概括过程；通过学习，学会××结构的归纳和演绎过程；通过学习，理解××问题解题思路的探寻、分析和综合过程；通过学习，掌握××解题方法的选择与比较过程等。

方法，是指学生在学习过程中采用并学会的方法。方法目标的表达举例：通过学习，采用并学会自主学习的方法（或问题探究的方法，或问题的观察方法，或思维发散的方法，或合作交流的方法，或解决××问题的方法等）。（像这些我们在举行说课比赛、优质课比赛时教师上交的教学设计就有涉及，作为教研组长我们要指导，作为评委我们要明确，相关的怎样去描述大家可以上网找一些培训资料看看，或者其他时间我们都可以进行探讨）

三维课程目标参考的是课程标准，从教学大纲到课程标准，是从教学意识走向课程意识，教学意识关注的是教学，课程意识关注的是人本身。新课改提了这么多年，许多问题仍亟待解决，比如教学仍然重教轻学，固有的知识本位、学科本位问题没有得到根本的转变，学生的发展要求全面却忽略个性等。因此为了抓好课程改革的"关键"、新课标的"源头"，直指教育的真实目的——育人，教育部从2013年5月开始成立专项研究，到2016年9月发布了中国学生发展核心素养。所谓"学生发展核心素养"，主要是指学生应具备的，能够适应终身发展和社会发展需要的必备品格和关键能力。核心素养是关于学生知识、技能、情感、态度、价值观等多方面的综合表现；是每一名学生获得成功生活、适应个人终身发展和社会发展都需要的、不可或缺的共同素养。它分为文化基础、自主发展、社会参与三个方面，综合表现为人文底蕴、科学精神、学会学习、健

下篇 总结反思

康生活、责任担当、实践创新6大素养，具体细化为国家认同等18个基本要点。这份核心素养可是事关今后的课标修订、课程建设、学生评价等众多事项哦。围绕核心素养这个总目标各教育研究机构、学校纷纷开始研究在各学科中应侧重培养学生哪一方面的素养，如何去落实核心素养。

因此，对于在一线教学的我们就必须努力去研究在学科中如何去落实，深入研究相应的课程标准。

这里我们分为专业组与文化组来分别讲讲。

（一）专业组

2014年教育部公布首批《中等职业学校专业教学标准（试行）》目录，目录涉及14个专业类的95个专业教学标准。这些在教务处那里有，大家得空可以去看看。这只是专业教学标准，各专业的课程标准各地参差不齐，有些条件成熟的学校自己定，但大部分中职学校都没有明确的专业课程标准。这个我等下再具体展开说。

（二）文化组

先来看一看，2009年的九门基础课教学大纲与现在的课程标准之间的区别，教学大纲重在指导教师的教，课程标准除教师的教之外，重在指导学生的学习活动，里面也包括了学生学习后应达到的学业要求。新的标准对接了核心素养，突出了职教特色，像提出了培养学生日常生活和职业职位需要的现代文阅读能力，安排了"洽谈与协商""策划和调查"等10个职业模块。

像体育与健康安排了针对久站型、久坐型等各种职业体能需求进行专门性身体锻炼的"职业体能教学模块"和包括"常见职业性疾病的预防和康复"等内容的"健康教育模块"。

因此，第一个研究方向我定为紧跟步伐，更新理念，明确角色功能。

（1）落实立德树人培养目标（如何落实学科核心素养）。

（2）改变当前存在的"学科本位"和"知识本位"现象，重点在于学生的"学"，倡导自主学习、探究学习、合作学习的学习方式（例如吴加澍老师，浙江省物理特级教师，强调数学课的探究活动，很多时候不是学生简单地掌握某一知识点，而是这一知识点的验证或者形成这一过程所带给学生的各种技能、情感、价值观等）。

（3）多与学生的专业相结合，多与学生的终身发展相结合。

举例：比如电子商务专业中的商务应用文写作，像商品描述、海报中的方案、广告文、活动策划等都特别有专业点，这就特别需要我们的语文老师着重这一方面的教学、锻炼。

计算机专业的图像处理实际上特别需要一定的美术基础、构图、色彩搭配等知识。简单举例阴影形成的位置。

现在我们再回头说说专业组的，专业组组长实际上就是专业的"当家人"，除了上述这些共性研究内容外，对于学校的专业建设、教学实训、校企合作、学生就业、班级管理等方面都需要专业组组长去策划、去践行。教育部部长陈宝生在2016年底曾指出"要把职业教育打造成名优土特产品，把职业教育打造成闪光品"。那么职校要有特色，关键就要专业有特色。因此作为专业组组长我们特别有责任去多想想如何把我们的专业打造出特色来，唯有特色才能求发展。要让专业有亮点，让想读职校的某一个专业的人能想到：嗯，贡天的某某专业真不错，比如以前的服装专业，比如以前的机电专业，环城一条街，几乎都是贡天的学生，这样的现象我们希望重振，那就特别需要我们专业组组长多做研究，比如校本教材的开发，比如阶段性考核项目，我一直在想，我们现在学生在校的时间有限，在这有限的时间中我们要抓好学生的某一项或两项技能，重点抓，从头到尾都要抓，这一学期的阶段性考核也希望各组长重点把关，从项目的设计到考核标准。

我们来看一看2016年广东省教育厅关于启动广东省中等职业学校教学工作与改进工作的通知中提到的《中等职业学校教学工作诊断与改进指导方案（试行）》，建立中等职业学校教学诊断与改进工作机制是为了保证人才培养的质量。潮州市职业技术学校与潮州市卫校两所学校每年要在学校官网上公布年度质量报告，我们学校目前是在自主诊改阶段，到2018年要接受抽样复核或现场复核，那么相关的资料从现在也需要补充、完善。

下篇 总结反思

特别是在专业建设规划、专业人才培养方案、专业课程标准、专业教学资源库建设规划（包括数字资源如课件、微课、音视频和校本教材的开发）等方面的材料建设均需要各教研组长来完成。

再有一个就是2017—2018年潮州市要创建教育现代化市，简称创现，特别提到中职生"双证率"需达98%以上，双师型专业教师点专业教师达60%以上。这些都是我们努力的方向。大家是否能花上一个月或两个月的时间制订出一份专业建设的规划来？

二、掌握现代化信息手段，教研活动多元化

（1）教研组活动可以是每月或每几周定期开展主题研讨会，先定好主题，各组员准备发言内容，凝集体智慧，聚教师教学实力。当然，研讨活动可以是面对面的教研会议，也可以是利用微信群的交流活动。

（2）可以组织参加各类比赛，比如中职学校教师信息化教学设计及说课比赛、中职教师信息化教学大赛、微课大赛等，这是一个了解中职教育教学新理念、新方法特别好的平台。特别是组内有老师参加比赛，我们就可以通过集体备课、研课、磨课，达到共同成长的目的，通过比赛，促进教学。

（3）个人教育博客或微信教育公众号的建设。将教育教学过程中的案例、随笔、课程教学资料（比如学前导学案、课件、其他教学资源）等编写发布。一方面便于师生之间、同行之间的交流，另一方面通过勤动笔、勤积累，一定会有收获。个人能力有限，可以以教研组为团队合作。

三、组织实施"青蓝工程"，以师带徒的形式，充分发挥老教师的"传、帮、带"作用

举例：杭州市培训，名师名校长的成长经历中每个人都有一个或多个师父。通过同课异构或同课同构的形式促进共同成长。

师父听徒弟的课每周不少于一节，徒弟每周至少要听指导老师两

节课。并且在听课笔记上要写出听课的实际感受，自己对课堂设计的评价等。

四、录制课堂录像，形成微格诊断的原始资料，在不断锤炼中成长

著名教育大师、新教育的引领人朱永新教授曾说过：一个理性的教师，他应该是个天生不安分、会做梦的教师。教育的每一天都是新的，每一天的内涵与主题都不同。只有具有强烈的冲动、愿望、使命感、责任感，才能够提出问题，才会自找"麻烦"，也才能拥有诗意的教育生活。因此我今天的关键词写着创新、有效，希望通过我们教研组组长创新的思维、创新的研究与实践，达到实际的、有用的教育教学效果。

学习不止步，成长不停歇

——参加广东省2019年公共管理与服务大类专业带头人领军能力国培班培训总结

2019年9月8日至12月5日，我有幸参加了广东省教育厅、广东科学技术职业学院举办的"公共管理与服务大类专业带头人领军能力国家级培养班"。非常感谢广科院领导、老师的指导与关心，特别是项目负责人兼班主任何巧云老师的精心安排与热心帮助，让我们国培班的学员能在愉快的学习氛围中高效地完成各项学习任务。虽然培训的时间不长，但受益匪浅，现总结如下。

一、加强职业教育理论的学习

作为专业带头人，在教育教学一线已经摸爬滚打了十几年，实践很多，但大多都缺乏理论指导或支撑。而这次培训恰恰弥补了以往的不足，培训中都柏林协议、悉尼协议、成果导向教育等职业教育理念让我记忆深刻，如严中华教授的"'悉尼协议'和职教20条对专业带头人教/研工作的挑战和机遇"、李双芹博士的"新文科视域下高职文科类专业人才培养模式改革的思考与实践"等课程不单单在理论上有依据、在实践中有实例，而且又能从实践中回到理论，找到焦点，指导实践进行操作。文传学院充分运用成果导向教育理论来指导专业建设、课程建设、教学设计等实践，特别值得我们借鉴和学习。

二、强化信息化教学能力的训练

作为全国职业院校教学能力大赛战绩非凡的广东省科学技术学院，在本次培训中安排了几乎所有有关信息化教学的先进教学平台及工具，比如职教云平台、超星平台、雨课堂等。陈倩倩老师还为我们上了一节名为"应用文写作"的信息化教学实践与体验课，林家乐老师在雨课堂智慧教学工具的使用中让我们对信息技术应用能力的提升找到相应的方法和路径，广州超星信息技术有限公司的张艳丽总监也让我们在EDIUS的学习中了解了微课的开发办法，并且在短短的时间里制作了自己的微课作品，让大家的信息化教学能力得到快速的提高。

三、加强教育科研能力的培养

教育科研能力是检验一所学校办学能力的标准之一，教师的生命力也是来自教育科研，教师的未来和未来的教师都将与教育科研密切相关。此次培训中的梁海霞老师、孙柳苑博士、李小金老师、左锋老师，包括第二阶段网络研修中的尚俊杰、董云川、吴能表等教授，他们都以卓越的科研能力和强大的人格魅力征服了我们参训的所有同学，"全国职业院校教师教学能力大赛一等奖经验分享""教研科研项目申报与教科研论文发表""教育的智慧""信息技术与领导力""科研创新意识与求异思维的培养"等课程使我们增强了从事科学研究的意识和自觉性，也认识到教师是教育科研的主力军，从事教育科研是每个教师分内的工作，同时也使我们掌握了教育科学研究的基础知识与基本方法。

四、增进校企合作办学的研讨

校企合作、产教融合是办好职业教育的重要因素，通过到深圳国泰安教育技术股份有限公司、珠海长隆投资发展公司、珠海汤臣倍健股份有限公司等企业的考察学习，了解了企业文化、管理制度、工艺流程和现代企业人才需求和培养的方法；通过到广西师范大学、桂林师范专科学院等省

下篇 总结反思

外高职院校进行研修交流，真实感受了有着"桂北革命的摇篮"美誉的广西师专将课程学习融入工作室运营的校企合作模式，惊叹于坐落在5A级景区中的广西师范大学历史文化与旅游学院工作即课堂的教学模式，让我们在交流中研讨，在研讨中找差距，在差距中找准努力的方向。

总之，此次国培班形式新颖，有专家讲座、拓展训练、软件实操、企业实践、省外研修、网络研修等；内容丰富，有最新的职业教育理论知识、实用的信息化教学平台及工具知识、专业建设、课程建设以及教学设计、中高职衔接、现代职业教育标准研制、现代学徒制的试点改革等经验分享。既拓宽了我的视野，更新了我的观念，也解决了许多我在教学方面存在的问题，提升了教学与科研能力。更重要的一点就是还认识了来自不同地区的朋友，通过这样一个平台让我们交流、分享各自的经验与心得，并且建立深厚的友谊，这是一笔非常宝贵的财富。职业教育大业，奋斗有我们，我们坚信学习不止步，成长不停歇！